Fluent in Chinese: An Advanced Oral Course I

自如表达
国际汉语高阶口语教程 I

郭颖雯 编著

U0361533

北京大学出版社
PEKING UNIVERSITY PRESS

扫码获取
配套资源

图书在版编目(CIP)数据

自如表达：国际汉语高阶口语教程. I / 郭颖雯编著.—北京：北京大学出版社，2020.10
ISBN 978-7-301-31648-1

Ⅰ.① 自… Ⅱ.① 郭… Ⅲ.① 汉语—口语—对外汉语教学—教材 Ⅳ.① H195.4

中国版本图书馆CIP数据核字(2020)第178369号

书　　　名	自如表达：国际汉语高阶口语教程 I
	ZIRU BIAODA：GUOJI HANYU GAOJIE KOUYU JIAOCHENG I
著作责任者	郭颖雯　编著
责 任 编 辑	宋立文
美 术 设 计	张婷婷
标 准 书 号	ISBN 978-7-301-31648-1
出 版 发 行	北京大学出版社
地　　　址	北京市海淀区成府路205号　　100871
网　　　址	http://www.pup.cn 新浪微博：@北京大学出版社
电 子 信 箱	zpup@pup.cn
电　　　话	邮购部 010-62752015　发行部 010-62750672　编辑部 010-62753374
印 刷 者	北京宏伟双华印刷有限公司
经 销 者	新华书店
	889毫米×1194毫米　16开本　11.5印张　206千字
	2020年10月第1版　2020年10月第1次印刷
定　　　价	75.00元

本书出版受到北京市支持中央在京高校共建项目资助。

前　言

汉语高级阶段口语教学的目的是培养学生的高层次口头交际能力，使学生能在不同场合针对不同对象进行得体恰切的交际。为达到这一目的，本教材基于篇章语言学理论、语篇（语段）教学理论、语言教学输入与输出理论，从叙述、议论、说明等多项表达功能入手，以词语、句式练习为基础，以语篇（语段）表达框架为模板，对学生进行词语——句式——语段——语篇的规范化、模板化表达训练，体现了话题教学与语段、语篇教学相结合的特点。

本教材选择与学生学习、生活和未来工作密切相关的各类社会热点话题，设计丰富多样的围绕词语、句式、语段、语篇的学习模式、练习及语言交际活动，旨在加强学生对汉语词语及句式的掌握和运用，对汉语语段、语篇结构的了解和把握，丰富学生的语言表达手段，提高学生的成段表达能力和语段表达的条理性、逻辑性与得体性，进而提高学生进行高层次口头交际的能力。

本教材的主要特色是：

一、以学生为主体

本教材要求学生自主完成必要的语言准备，进行初步的语篇结构分析、语段的语义层次切分和逻辑归纳等。教师在课堂上可以 PPT 或板书的形式展示语篇结构、语段层次，让学生进行比较、修正，帮助学生逐步熟悉并掌握框架型语篇（语段）输入和输出学习模式。之后学生分组互动学习，进行口语表达练习，复述语段大意，回答相关问题，学生之间进行补充修正。教师指导学生进行与课文话题有关的讨论、座谈、调查报告等语言实践活动，完成表述性输出。整个教学及学习过程中以学生为主体，教师是引导者、组织者和协助者。

二、强调课堂学习与语言实践相结合

本教材以促进学生主动学习为出发点，确保在课堂上让学生模拟进行"真正的交际活动"。教材设计了与课文内容相关的丰富的语言表达实践活动，包括调查、座谈会、演讲、辩论、情境模拟（访谈、咨询、面试等）、自编自演小话剧等。

三、语言活动与文化、国情教学相结合

本教材的话题范围包括节日、留学、宠物、工作、整容、教育、爱情、网络、城市、家庭、学校、交往、挑战、文化、旅行、未来等，主要以中国为原点选择课文素材，旨在增进学生对中国国情和文化的了解，在练习中通过调查、访谈、咨询等语言实践活动促进学生跟中国人的实际交流及对中国社会的了解。在此基础上，充分利用学生的多国别特点，通过练习的设计将课文中的话题由中国的情况延伸至对各国与此相关的国情与文化的交流与探讨，丰富了话题的内容，拓展了话题探讨的广度与深度，使课堂成为世界各国文化与国情的交流之地，开阔学生的国际化视野，满足学生跨文化交际的需求。

本教材是结合相关理论并将之应用于汉语口语教学实践的探索，是对语篇（语段）表达框架在口语教学中运用的尝试。真诚地希望使用者对本教材提出宝贵的意见和建议，以帮助我们进一步改进。让我们在国际汉语教学的路上同行、前进！

本教材是北京语言大学国际汉语教学学部汉语学院高级阶段口语教学的第三部教材。学院领导非常关心本教材的编写。王晓澎老师看了部分初稿，并提出了宝贵的意见，在此深表感谢。在编写过程中与赵雷老师、赵建华老师等进行的有关编写心得的沟通与交流给我们提供了更丰富的思路和方法。在此，感谢在中高级阶段口语教学中一路走来的各位前辈和同行。

最后，感谢北京大学出版社对本教材编辑出版工作的支持。责任编辑宋立文老师严谨细致、兢兢业业的工作，促成了教材的顺利问世。北京大学出版社的各位编辑为本套教材的出版付出了很大的心血和汗水，在此表示衷心的感谢！

郭颖雯

使用说明

本教材分上下两册，共 16 个单元，每个单元一般可用 6 课时完成，语言实践活动多的单元可用 8 课时完成。全套教材可供高级阶段常规课堂教学使用一年。

对于本教材的使用，我们有如下建议：

一、话题热身

本部分旨在用问答的形式引发学生对单元话题的兴趣，激活学生对话题相关知识的联想。

任务类型：课堂任务，学生两人一组完成

教学时长：5 至 10 分钟

二、话题背景

本部分旨在为每单元的话题提供相关的背景知识和必要的语言准备，并进行初步的表达训练。

任务类型：学生课前预习与教师课堂指导

教学时长：30 至 50 分钟

三、课文

（一）词语及句子学习

本部分主要有三种练习形式，目的在于促使学生关注重点词语及其搭配、相关句式及语句结构，为之后课文的输入和输出做准备。每课列出的重要词语并非都是生词，选择的标准有两个：一是有助于学生对语言材料的理解输入，二是提示学生可以使用这些词语进行表达输出。较难理解的生词在附录中给出例释。

任务类型：课前任务，学生结合课文自学完成

（二）课文学习

1. 教师可要求学生结合语篇（语段）表达框架对课文进行初步的语篇结构分析，语段的语义层次切分、逻辑归纳，句式和词语的学习等，完成语言材料的输入。

任务类型：课前任务，学生结合课文自学完成

2. 在完成输入的基础上，课上学生分小组互动进行口语表达练习，复述语段大意、回答相关的问题等，完成课文的第一次表述性输出。表达时学生之间可提示重要词语和句式，补充误读或遗漏信息，追问不清晰的输出内容等，以互动式学习帮助同学修正输出。

任务类型：课堂任务，学生分组互助完成

3. 根据语篇（语段）表达框架将课文分成若干部分，分组选取几位学生（每组抽取一到两位）按顺序在全班承接复述语段大意或回答相关问题，完成整篇课文的第二次输出。教师对其表述进行修正，帮助全体学生根据教师的修正检验自己的输出，就表述中遇到的问题或难点提出疑问，寻求帮助。

任务类型：课堂任务，教师指导下完成

4. 围绕课文话题进行有针对性的讨论，讨论中，教师可有意识地提示或要求学生运用课文中的词语、句式，力求实现"i+1"的输出。

任务类型：课堂任务，教师指导下完成

课文部分教学时长：2 课时至 2.5 课时

四、语言实践活动

本教材提供了丰富的与课文内容相关的语言表达练习和多种形式的语言实践活动，包括调查、座谈会、演讲、辩论、情境模拟（访谈、咨询、面试等）、自编自演小话剧等。教师可根据教学时长，学生的语言水平、兴趣爱好、性格偏好等因素灵活选择适宜的语言实践活动，鼓励学生积极参与。

任务类型：学生课下准备与教师课堂指导

教学时长：2 课时至 2.5 课时

目 录

第一单元 节 日　1

课文一　节日与现代化　4
课文二　外国节日与传统　10

课文一　留学故事　22
课文二　三个留学时间点的利与弊　27

第二单元 留 学　19

课文一　有关饲养宠物的调查　38
课文二　饲养宠物的好处　40

第三单元 宠 物　33

课文三　饲养宠物的坏处　44

课　文　如何找到自己最理想的工作　54

第四单元 工 作　49

课文一　大学生整容面面观　67

第五单元
63
整容

课文二　女大学生求职该不该整容　72

课文三　整容杂谈　75

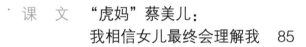
课　文　"虎妈"蔡美儿：
我相信女儿最终会理解我　85

第六单元
教　育
81

课文一　爱情天梯　104

第七单元
101
爱　情

课文二　你会选择"裸婚"吗？　110

课文三　你愿意进行婚前财产公证吗？　115

课文一　网聊热，见面冷　128

课文二　人肉搜索　135

第八单元
网　络
125

146
附　录

（一）部分重要词语例释　146

（二）部分练习参考答案　164

第一单元
节 日

壹 话题热身

1. 两人一组，相互简单介绍自己国家的节日，说明哪些是传统节日，哪些是外来节日。

2. 选出两位同学，组织全班同学以时间为序，共同完成一个各国节日表。

3. 以时间为序，列出中国的主要节日，并简单说说对这些节日的了解。

贰 话题背景

一 重要词语：课前预习下列词语，参照课文了解词语的意思和用法

| 背井离乡 | 游子 | 团聚 | 守岁 | 通宵不眠 |
| 谐音 | 享受 | 天伦之乐 | 祭品 | 心旷神怡 |

二 读下面的短文，以短文为基础，补充相关内容，全班同学分组准备 PPT，在班上介绍中国的八个传统节日

中国的传统节日

1. 除夕——农历十二月的最后一天。除夕之前，背井离乡的游子都要纷纷赶回家与亲人团聚，这是中华民族特有的节日文化习俗和心理。除夕这一天，家里家外不但要打扫得干干净净，还要贴门神、贴春联、贴年画、挂灯笼，人们要换上带喜庆色彩和图案的新衣。中国人有除夕"守岁"的习俗，晚上一家人一起吃团圆饭，聊天儿娱乐，通宵不眠。

2. 春节——农历正月初一。春节的习俗一般是吃年糕、饺子、汤圆、全鱼、整鸡等，取谐音"有余""吉利"等意思，希望新的一年幸福安康。春节期间人们包饺子、放鞭炮、相互拜年、给晚辈压岁钱，全家人在一起享受天伦之乐。

3. 元宵节——农历正月十五。正月是农历的元月，十五日是一年中第一个月圆的夜晚，所以称正月十五为元宵节，又称为灯节。元宵节的习俗在中国各地不太一样，常见的有吃元宵、吃汤圆、赏花灯、舞龙、舞狮等。

4. 清明节——公历4月4日、5日、6日三天中的一天。清明节的习俗丰富有趣，有禁火、扫墓，还有踏青、荡秋千、插柳等一系列风俗活动。

5. 端午节——农历五月初五。这一天的活动主要是赛龙舟，吃粽子，喝雄黄酒，挂艾叶、菖蒲等。

6. 七夕节——农历七月初七。七夕节是我国传统节日中最浪漫的一个，也是过去姑娘们最重视的节日。这一天姑娘们要比赛谁的手最巧，谁做的手工最好。七夕节现在已经成为中国的情人节。

7. 中秋节——农历八月十五。中秋祭月在我国是一种十分古老的习俗。中秋节这天全家团聚，摆上月饼、西瓜、苹果、红枣、葡萄等祭品，共同赏月，祈求团聚、康乐和幸福。

8. 重阳节——农历九月初九。重阳节有登高的习俗，金秋九月，天高气爽，这个季节登高远望可达到心旷神怡、健身祛病的目的。重阳节现在是中国的老人节。

三 每个同学准备 PPT，向大家介绍一个你认为最有特色的节日，内容包括

1. 节日的时间；

2. 节日的由来，和节日有关的传说、故事；

3. 节日的习俗（以前和现在的习俗有没有不同）；

4. 节日的意义（你为什么选择这个节日）。

 课 文

课 文

课文一　节日与现代化

一 词语及句子学习

1. 重要词语：课前预习下列词语，参照课文了解词语的意思和用法

奢侈	月光族	自立	休整	阅历
淡薄	拼搏	千里共婵娟	奔波	根意识

2. 从给出的词语中选择合适的填入相应的词语搭配或表达结构中，并用填好的结构说句子

淡薄	发展	接受	怀念
增长	影响	迎接	增加

受到＿＿＿＿　　　　＿＿＿＿教育　　　　＿＿＿＿悠闲的生活

年龄＿＿＿＿　　　　社会＿＿＿＿　　　　＿＿＿＿竞争和挑战

阅历＿＿＿＿　　　　传统意识＿＿＿＿

3. 读例句，并用给出的句式结构说句子

（1）……对……来说是……

中秋节对她来说是一个可以短暂休整的小假期，之后要迎接更紧张的竞争与挑战。

（2）随着……

随着社会的发展、年龄的增长和阅历的增加，以及身边人的影响，她的这种传统意识渐渐淡薄了。

（3）不必非得……，关键在于……

不必非得要中秋节当天"团圆"这种形式，关键在于探望父母的心意。

（4）……占了／占到……

网友们的回答中，"回去！跟家里人一起吃月饼"占了21%。

二　课文

中秋节自古讲究月圆人团圆，可小杨已经在香港独自度过三个中秋节了。

小杨出生于1986年，是山东济南姑娘，来香港以前年年都在家过中秋，已经感觉不到过节的新鲜了，有时她会借口和同学增加感情留在大学校园过节。直到后来考研来到香港城市大学读书，毕业后在香港就职，她才体会到回家过节是多么幸福和奢侈。小杨说："像我们这样的'80后'，在香港这样的城市生活，收入不高，除去租房、饮食、社交等各项开支，基本上是'月光族'。从香港到济南来回一趟，打折后机票钱至少要2800元，即便从深圳走，来回也要1500元左右，是一笔不小的开销。我毕竟已经自立了，不愿意向父母张口要钱，就选择留在香港过中秋节了。"

想家是难免的。每到香港的大街小巷挂起中秋节的各种装饰品的时候，小杨更觉得孤单，更怀念济南悠闲的生活。但伤感之后，小杨也乐观地认为，这就是成长，每个人总要学会独立生活。

1. 请说说小杨的个人情况。来香港前她喜欢在家过中秋节吗？为什么？（新鲜、奢侈）

2. 小杨到香港后回家过中秋节吗？为什么？（月光族、开销、自立）

3. 小杨想家吗？她有什么想法？（孤单、怀念、悠闲、伤感、独立、休整、竞争、挑战）

中秋节对她来说是一个可以短暂休整的小假期，之后要迎接更紧张的竞争与挑战。

今年年初，小杨用自己的工资在香港给父母买了一台配备摄像头的电脑，中秋节就可以与家人望着同一轮圆月，通过摄像头聊天儿、问候、祝福，也许，这也是现代社会的一种浪漫。

4. 小杨有什么新的方式和家人共度中秋节？（配备、摄像头、浪漫）

就职于济南某银行的潍坊人小张虽然离家不远，也决定中秋节不回家。她小时候觉得中秋节是特别重要的节日，必须和家人团聚，但随着社会的发展、年龄的增长和阅历的增加，以及受到身边人的影响，她的这种传统意识渐渐淡薄了。小张说："现在不是中秋节也可以回家。上星期刚回了一趟家，给父母捎了几盒月饼，过节当天就不回去了，车太多，人太多。不必非得要中秋节当天'团圆'这种形式，关键在于探望父母的心意。"

5. 小张现在对中秋节的看法和小时候有什么不同？她是怎么过中秋节的？（发展、增长、阅历、增加、影响、传统意识、淡薄、形式、探望、心意）

如今，像小杨和小张这样中秋不回家的人越来越多。中秋前夕，某网站做了一个调查："中秋大家回家过吗？"网友们的回答中，"回去！跟家里人一起吃月饼"占了21%，回答"不回去"的网友数量占到42%，选择"太远了！一年回去一次"的选项占了9%。大部分网友在离家较远的地方工作、拼搏，每逢过节时往往只能打电话、发

6. 请介绍某网站对"是否回家过中秋"的调查情况。（选择、拼搏、每逢、过节、千里共婵娟）

短信问候亲人，即使是在最让人思乡的中秋节，也只能与家人"千里共婵娟"了。

随着社会经济的发展，越来越多的人离家外出学习、工作，每逢节假日，因为时间安排、路途奔波以及花费等原因，不少人不可能再像过去一样和家人团聚，而只能独自在异乡过节。此外，"80后""90后"这两代人从小接受现代新型文化思想的教育，"根意识"淡薄，对传统文化、团圆文化没有深刻的理解。对他们来说，很多传统节日也是用来休整、娱乐的假期，可以用各种方式度过，他们常常选择安排短途旅游或者朋友聚会等活动来过节。

（选自《齐鲁晚报》2010年9月22日，原题《城市化下的中秋乡愁：在外打拼回家过节成奢侈》，记者：董从哲，实习生：周荃，有删改）

7. 年轻人选择什么样的方式度过传统节日？为什么？（奔波、花费、根意识）

三 课文学习

（一）运用语篇（语段）表达框架学习课文，之后根据课文内容，用所给的词语和表达格式回答下列问题

　　1. 讲讲小杨过中秋节的情况和她的想法。

　　2. 讲讲小张过中秋节的情况和她的想法。

　　3. 介绍某网站对"是否回家过中秋"的调查情况。（调查的时间、对象；调查的结果及分析；总结）

　　4. 年轻人选择什么样的方式度过传统节日？为什么？

小杨过节的情况

语篇结构	小杨过中秋节的情况（以前和现在）		小杨对中秋节的看法	
语义层次	小杨的个人情况	小杨过中秋的情况（以前、现在）	小杨的想法	小杨的做法
重要句式	出生于	直到……才……；除去……基本上是……；即便……也……	……是难免的；每到……的时候……更……；对……来说是……	
重要词语		新鲜、奢侈、月光族、开销、自立	孤单、怀念、悠闲、伤感、独立、休整、竞争、挑战	配备、摄像头、浪漫

小张过节的情况、网站的调查和年轻人过节的方式

语篇结构	小张过中秋节的情况（以前和现在）		一个网站的调查结果		年轻人过节的方式
语义层次	小张的个人情况和过中秋的情况（以前、现在）	小张的想法	网友们的回答	网友们的做法	
重要句式	虽然……也……	随着……以及……；不必非得……，关键在于……	……占了……；……占到……	即使……也……	随着……
重要词语	发展、增长、阅历、增加、影响、传统意识、淡薄	形式、探望、心意	选择	拼搏、每逢过节、千里共婵娟	奔波、花费、根意识

（二）小调查及话题讨论

　　3 至 5 人一组，组内调查并讨论下面的问题，之后每组汇报调查与讨论结果。

　　1. 来中国留学前，你怎么过你们国家的传统节日？

　　2. 来中国后，你怎么过你们国家的节日？有什么感受？

　　3. 你怎么看小杨和小张过节的方式和想法？

（三）座谈：节日与现代化

　　1. 选出两位主持人，组织全班进行座谈。

　　2. 两位主持人商量决定座谈的话题和程序。

　　　座谈会开始时主持人要介绍座谈会的话题和程序，座谈中要注意话题的连接和转换，结束时要做总结。

　　3. 座谈参考话题。

　　（1）你们国家的年轻人怎么过传统节日？

　　（2）现在传统节日的形式有变化吗？你认为变化的原因是什么？

　　（3）谈谈你对传统节日的认识和对过节的建议。

（四）聊一聊：我在中国过节

　　选择某次在中国过中国节日或者自己国家节日的经历，准备提纲，在全班报告，时间为三分钟以上。

✈ 课文二　外国节日与传统

■ 词语及句子学习

1. 重要词语：课前预习下列词语，参照课文了解词语的意思和用法

李平：	盛行	反思	气息	独特	迷失
张伟：	优于	时尚	大惊小怪	精力	拉动
	接轨	融入	体现	趣味	淡忘
徐冬冬：	红火	冷落	经济一体化	人之常情	
	炒作	利润	体验	注重	情调
	领略	崇洋媚外	古为今用	洋为中用	
	精华	弘扬	奇葩		
邱润：	促进	开阔	视野	融合	温馨

2. 从给出的词语中选择合适的填入相应的词语搭配或表达结构中，并用填好的结构说句子

融入	遗忘	冷落	体验	追求	促进
获取	拉动	交流	碰撞	接轨	盛行

＿＿＿＿＿世界文化　　　　　　　外国节日在中国＿＿＿＿＿＿

传统节日受到＿＿＿＿＿＿　　　　＿＿＿＿＿＿异国文化

＿＿＿＿＿＿经济发展　　　　　　　＿＿＿＿＿＿巨大的商业利润

中国与世界＿＿＿＿＿＿　　　　　　不同文化互相＿＿＿＿、＿＿＿＿

传统节日和习俗被＿＿＿＿＿＿　　　＿＿＿＿＿＿丰富多彩的精神生活

＿＿＿＿＿＿中国人对外国文化的了解

3. 读例句，并用给出的句式结构说句子

（1）……是一个值得反思（思考）的问题

这是一个很值得我们冷静下来去思考的问题。

（2）……是……的一个体现

中国近几年与世界接轨的程度越来越高，中国人过"洋节"也是融入世界文化的一个体现。

（3）……是（造成）……的原因

我们的一些传统节日过分强调形式，一直没有太大的发展，过起来没有趣味，这些可能都是造成传统节日被人淡忘的原因。

（4）……的背后是为了……

媒体和商业的炒作促使"洋节"不断升温，炒作的背后是为了获取巨大的商业利润。

课文

李平：怎样看待中国人过圣诞？

现在不少中国年轻人过圣诞节的热情超过了过春节！我并不反对过圣诞节，但为什么近几年外国节日在中国那么盛行，这的确是一个值得反思的问题。社会在发展，人们的生活水平在提高，但中国一些历史悠久的传统节日和习俗却渐渐被遗忘，一些节日的传统文化气息也越来越淡。现在的春节已经没有以前的年味儿了，而圣诞节、情人节等一些来自西方的节日却慢慢地进入了我们的生活。是因为"洋节"浪漫、独特？我们对

李平
李平怎么看中国人过圣诞节？为什么说这是值得反思的问题？（热情、盛行、反思、遗忘、气息、年味儿、独特、好奇、迷失、冷静）

11

异国文化好奇、新鲜？我们在走向未来，在社会文明进一步发展的同时，却离自己的传统文化越来越远了。是遗忘？是迷失？这是一个很值得我们冷静下来去思考的问题。

张伟：如何看待年轻人过"洋节"？

其实在中国过"洋节"（情人节、圣诞节等）的大部分还是年轻人。年轻人对于外界新鲜事物的接受程度要优于其他年龄段的人群，喜欢追求新鲜、时尚，所以爱过"洋节"，这也没什么可大惊小怪的，只要不在这上面花费过多的金钱和精力，没什么不好。对社会来说，还能起到拉动经济的作用。中国近几年与世界接轨的程度越来越高，中国人过"洋节"也是融入世界文化的一个体现。当然，我们不能只过"洋节"，而忘记了我们自己民族的传统节日。但也应该看到，我们的一些传统节日过分强调形式，一直没有太大的发展，过起来没有趣味，这些可能都是造成传统节日被人淡忘的原因。

徐冬冬：如何看待过"洋节"

自20世纪90年代以来，一些年轻人突然对过国外的节日产生了兴趣，国外的情人节、愚人节、感恩节、母亲节等等，年年十分红火，而中国的传统节日如元宵节、端午节、七夕节、重阳节等却受到冷落，甚至被遗忘。这究竟是什么原因？过"洋节"好不好？下面我就这个问题谈谈

张伟

①. 张伟认为过"洋节"的主要是什么人？为什么？对此，张伟是什么态度？（接受程度、优于、追求、时尚、大惊小怪、花费、精力）

②. 张伟认为过"洋节"有什么好处？（拉动、接轨、融入、体现）

③. 张伟对中国的传统节日是什么态度？他认为传统节日被淡忘的原因是什么？（强调、趣味、淡忘）

徐冬冬

①. 20世纪90年代以来，国外的节日和中国的传统节日出现了什么不同的情况？（红火、冷落、遗忘）

个人的看法。

当前"洋节"盛行有多个原因：第一，我国改革开放后，外国文化进入，不同文化互相交流、碰撞，人们受到了外来文化的影响；第二，随着全球经济一体化，各国贸易等经济交往活动增多，很多外国人常驻中国工作，遇上节日邀请中国朋友一起庆贺，也是人之常情；第三，媒体和商业的炒作促使"洋节"不断升温，炒作的背后是为了获取巨大的商业利润；第四，我国人民的生活水平提高了，开始追求更丰富多彩的精神生活，希望参与、体验异国文化；第五，许多年轻人追求时尚、赶时髦，想趁外国节日热闹、娱乐一下。国外节日比较轻松浪漫，注重情调，比如情人节送玫瑰、圣诞节过平安夜等，容易受到年轻人的喜爱。而我国传统节日，有的教育意义过多，有的形式单调，同时又受到媒体的冷落，不被关注。以上种种原因，造成了"洋节热土节冷"的局面。

其实，中国人体验一下外国人的节日，领略一下异国文化，这没有什么不好，国外的华人过中国节时，不也有很多外国人参与吗？因此，不必说过"洋节"是崇洋媚外，而应该古为今用，洋为中用，在适当吸收西方节日文化精华的同时，也不迷失自我，弘扬悠久的中华文化，使它成为世界文化中的奇葩。

2. 徐冬冬认为"洋节"盛行的原因是什么？（交流、碰撞、经济一体化、人之常情、炒作、促使、升温、背后、商业利润、精神生活、参与、体验、时尚、趁、娱乐、注重、情调、单调）

3. 徐冬冬对"洋节"盛行怎么看？（领略、崇洋媚外、古为今用、洋为中用、精华、弘扬、奇葩）

邱润

1. 现在中国的年轻人对国外的节日是什么态度? 有人认为过 "洋节" 是什么? 邱润同意吗? (接轨、赶时髦)

2. 邱润认为过 "洋节" 有什么好处? (促进、开阔、视野、融合)

3. 邱润对中国人过 "洋节" 的理解是什么? (放松、温馨、开心)

邱润：中国人怎样看待外国的节日

随着与国际接轨以及中国社会经济的发展，尤其是中国加入 WTO 以后，越来越多的年轻人都赶时髦过 "洋节"，像情人节、万圣节、圣诞节等等。有人说过 "洋节" 就是崇洋媚外，我不这么认为。

有些 "洋节" 确实挺有意思的，比如圣诞节、感恩节什么的，中国人体验一下没什么不好，相反，还能促进中国人对外国文化的了解，开阔视野。有些国家不是也过中国的传统节日吗？这是全球一体化，东西方文化融合的一种表现。

我对中国人过 "洋节" 的理解是：给商人一个赚钱的机会，给自己一个放松的理由，给朋友一个喝酒的借口，给家人一个温馨的感觉。总之，开心就好。

（部分据《谁在过 "洋节"？专家：别盲目崇信，别轻言 "抵制"》改写，原作者：郭俊锋，《光明日报》2011 年 11 月 4 日）

☰ 课文学习

（一）运用语篇（语段）表达框架学习课文，根据课文内容，用所给的词语和表达格式回答下列问题

李平

　　1. 李平怎么看中国人过圣诞节？为什么说这是值得反思的问题？

　　2. 你认为人们过"洋节"的原因是什么？

语义层次	提出问题	传统节日和西方的节日在中国的情况	探讨原因	表明态度
重要句式	并不……但……；……是一个值得反思的问题	……慢慢地进入了我们的生活	在……的同时，却……	……是一个值得……思考的问题
重要词语	热情、盛行、反思	遗忘、气息、年味儿	独特、好奇	迷失、冷静

张伟

　　1. 张伟对年轻人过"洋节"是什么看法？

　　2. 你同意张伟的看法吗？为什么？

语义层次	说明年轻人过"洋节"的情况并表明态度	指出过"洋节"的好处	提出不能忘记传统节日，分析传统节日被淡忘的原因
重要句式	其实……；对（于）……的接受程度要优于……；……没什么可大惊小怪的，只要……	对……来说；……是……的一个体现	当然……但……；……是（造成）……的原因
重要词语	接受程度、优于、追求、时尚、大惊小怪、花费、精力	拉动、接轨、融入、体现	强调、趣味、淡忘

徐冬冬

　　1. 徐冬冬分析"洋节"盛行有几个原因？他对"洋节"盛行怎么看？

　　2. 你同意徐冬冬的看法吗？为什么？

语义层次	说明年轻人过"洋节"的情况	分析人们过"洋节"的原因	表明对过"洋节"的态度
重要句式	对……产生了兴趣；……受到冷落；而……却……，甚至……	第一……第二……第三……第四……第五……；随着……；……的背后是为了……；同时又……	在……的同时，也不……
重要词语	红火、冷落、遗忘	交流、碰撞、经济一体化、人之常情、炒作、促使、升温、背后、商业利润、精神生活、参与、体验、时尚、趁、娱乐、注重、情调、单调	领略、崇洋媚外、古为今用、洋为中用、精华、弘扬、奇葩

邱润

1. 邱润对过"洋节"持什么观点？他对中国人过"洋节"的理解是什么？

2. 你同意邱润的观点吗？为什么？

语义层次	说明年轻人过"洋节"的情况并表明态度	指出过"洋节"的好处	说明对过"洋节"的理解
重要句式	随着……尤其是……	……没什么……，相反，还能……	……总之……
重要词语	接轨、赶时髦	促进、开阔、视野、融合	放松、温馨、开心

（二）话题讨论

1. 在你们国家，人们也过别的国家的节日吗？主要是什么人过？年轻人喜欢过吗？他们为此花费的钱和精力多吗？人们对此怎么看？

2. 你认为过节能起到拉动经济的作用吗？为什么？

3. 你认为过别的国家的节日是融入世界文化的体现吗？

4. 你们国家的传统节日是否被淡忘？原因是什么？

（三）我的观点：外国节日与传统

选出一位主持人，召开全班讨论会。每位同学结合课文内容及讨论，总结发表自己对"外国节日与传统节日"的看法，表达时长在3分钟以上。

语言实践活动

一 辩论

（一）辩题

　　正方：过外来节日是融入世界文化的一种体现

　　反方：过分重视外来节日会淡忘自己的传统文化

（二）准备

　　9人一组（8位辩手，一位主持人），每组中4人为正方，4人为反方。每方辩手分为：一辩、二辩、三辩、四辩。一组辩论时其余学生为评委。正反方先讨论完成下表，分配一辩至四辩，确定发言内容。

辩手	过外来节日是融入世界文化的一种体现	过分重视外来节日会淡忘自己的传统文化
一辩		
二辩		
三辩		
四辩		

（三）辩论步骤

　　1. 按照辩论程序开始辩论。

　　（1）一辩开篇陈词，阐述己方立场。（各1分钟）

　　（2）二辩、三辩反驳对方立论，补充己方的观点并针对对方的观点和本方的立场设计若干问题，请对方回答。（各1分钟）

　　（3）进行自由辩论。（共6分钟）

　　（4）四辩总结陈词。（各30秒）

2. 全班同学评选出"最佳辩论队""最佳辩论员"及"最佳主持人"。

3. 集体点评。

二 座谈会

全班选出两位主持人，召开座谈会，就下面的问题进行探讨。

1. 在你们国家有没有类似的传统文化和外来文化的既交融又冲突的现象？

2. 矛盾和冲突主要体现在哪些方面（电影、流行音乐、饮食、服装等）？

3. 你对此怎么看？

三 小话剧：过节

全班分为 3 至 5 组，每组以"过节"为主题，自设情景，自编剧本，分配角色，进行排练，在全班表演。

要求：

1. 剧本内容体现不同文化的交流、交融和冲突，不同年龄层次的人观念的异同、矛盾和理解，有戏剧性。

2. 充分利用本单元学习的词语、句式和内容。

3. 合理分配角色和台词，每位同学积极参与排练和表演。

4. 表演时长 30 分钟左右。

第二单元 留学

思考

壹 话题热身

两人一组，简要回答下列问题。

1. 你为什么选择出国留学？是父母的安排还是你自己的选择？

2. 你为什么选择来中国留学？

3. 刚到中国的时候各方面你适应吗？想过放弃留学回国吗？有什么感受？

4. 你认为在中国留学最难的是什么？最大的收获是什么？

5. 你认为你出国留学的选择是对的吗？

贰 话题背景

一 重要词语： 课前预习下列词语，参照课文了解词语的意思和用法

贬值	正宗	过硬	深造	促成	途径
独立自主	同龄人	脱颖而出	消极	前景	人才储备
人才流失	缺失	制约	外流		

二 读下面的短文，根据语篇（语段）表达框架中的提示回答问题，介绍出国留学潮

1. 作者认为就业的巨大压力是留学热升温的主要原因之一，你同意吗？为什么？（贬值、正宗、过硬、现状、深造、实力）

2. 出国留学有什么积极的意义？（促成、途径、有利于、交际能力、独立自主、激烈、同龄人、脱颖而出）

　　学历在急剧地贬值，这已经是不可否认的事实。一二十年前，你有一张正宗的本科文凭还感觉非常骄傲，但现在，一张普通本科文凭已经算不得什么了。随着国内高学历人才的增多，就业市场的竞争越来越激烈。在国内的几大中心城市，要想找到好工作需要过硬的文凭。面对这样的就业现状，很多大学生在毕业之后决定继续深造，增强自己的竞争实力，其中不少选择了留学海外。就业的巨大压力成为留学热升温的主要原因之一。

　　留学潮的出现有积极的意义。对个人来说，出国留学是促成个人成才的一个途径。国外学校的教育模式与国内学校的不同，更注重培养学生的综合能力，不仅如此，很多课余活动也增进了学生之间的接触和交往，有利于学生培养自己的

兴趣和交际能力。此外，留学也是提升个人独立自主能力的好机会。在这个竞争激烈的社会中，独立自主能力越强的人越可能从同龄人中脱颖而出，在竞争中取胜。

但留学潮也会带来一些消极的影响。当前世界各国竞争激烈，决定一个国家未来发展前景的是其人才储备，留学潮会导致人才流失，人才流失会造成人才缺失，而人才缺失将会制约一个国家科技、经济的发展。同时，留学热潮也使得大量的钱财外流。中国留学生每年的花费给留学国GDP 的增长做出了巨大的贡献。

面对留学热潮，你会做出怎样的选择呢？

3. 留学潮有哪些消极的影响？（消极、前景、人才储备、导致、人才流失、人才缺失、制约、外流）

1. 作者认为就业的巨大压力是留学热升温的主要原因之一，你同意吗？为什么？
2. 出国留学有什么积极的意义？
3. 留学潮有哪些消极的影响？

语篇结构	留学升温的原因	留学潮的积极意义	留学潮的消极意义
连接手段		此外	同时
重要句式	面对……；……是……的原因之一	对……来说；不仅如此，……也……，有利于……	带来……的影响；给……做出了……的贡献
重要词语	贬值、正宗、过硬、现状、深造、实力	促成、途径、有利于、交际能力、独立自主、激烈、同龄人、脱颖而出	消极、前景、人才储备、导致、人才流失、人才缺失、制约、外流

三 课堂小调查

步骤：

1. 选出一位同学做出国留学原因小调查的组织者。

2. 全班同学补充整理出国留学的各种原因（1、2、3……）。

3. 在全班进行出国原因调查，根据人数的多少排序，列出最主要的三个原因。

4. 全班同学分析讨论总结的原因。

四 课堂讨论

留学潮会造成一个国家的人才流失，制约国家的科技、经济发展吗？

 课 文

课文一　留学故事

一 词语及句子学习

1. **重要词语：**课前预习下列词语，参照课文了解词语的意思和用法

反思	特质	放弃	应届生	适应
复读	感慨	格格不入	压抑	导致
行政班	自由度	串门	结交	特例
有益	适应力	优等生	一无所知	
文化理念	细节			

2. 从给出的词语中选择合适的填入相应的词语搭配或表达结构中，并用填好的结构说句子

反思	放弃	适应	结交
压抑	一无所知	格格不入	

_____名额　　　　　　　　对这所大学_____

与环境_____　　　　　　令人 _____

_____海外留学环境　　　　生活很 _____

_____私人友谊

3. 读例句，并用给出的句式结构说句子

（1）谈到……

　　谈到留学经历，高翔有很多感慨。

（2）与……（环境／人）格格不入

　　大学生活三个月后，他就感觉到自己与环境格格不入。

（3）……对……有益

　　新加坡大学的英语教学环境，对他未来的学习有益。

（4）……对……影响很大

　　环境、文化理念、人际交往习惯等细节对部分人来说影响很大。

二 课文

1. 请说说高翔到新加坡上大学，之后退学再次参加高考的经历。（反思、特质、放弃、应届生、适应、复读）

在采访中，山东小伙高翔对记者说："两年的留学生活让我反思：该不该去留学，要看自己的特质和需要来定。"

为了出国留学，高翔高三时放弃了山东大学自主招生的名额。2007年7月，他作为应届生，以651分的成绩考取新加坡国立大学，学习数学。2009年5月，因为不适应海外留学环境，他退学回国复读，再次参加高考，最终以理科689分的成绩被北京大学电子信息专业录取。多数留学生出国留学时没有明确的目的，有不少人也像高翔一样不能适应，但是像他一样能做出退学决定的是少数。

2. 到新加坡留学后，高翔有什么感受？在学习和人际交往方面各有什么不适应？（感慨、格格不入、压抑、导致、行政班、自由度、串门、结交）

谈到留学经历，高翔有很多感慨。大学生活三个月后，他就感觉到自己与环境格格不入。"每个留学生的感受可能不同，但那儿的生活让我感觉压抑，导致我对曾经喜欢的电脑、足球等都没了兴趣。"

高翔说，新加坡的大学没有行政班，学生自由选课，选了就去上，上完就散了，"我们从小都被安排好了一切，因此在自由度大的环境里，我反而感觉到不适应"。

"在新加坡，人际交往习惯也很不一样，同学间很少串门。"他说，"上电梯，如果住9楼，钥匙只能摁到9楼，上楼以后有两道铁门左右分开，你只能走进应该去的那扇门。即使住一个单元的同学，也很少主动打招呼，最多不小心互相撞到的时候，说句'sorry'。"高翔说，师生间也极少结交私人友谊，老师拒绝留私人电话给学生。

"回国并不是一拍脑袋的决定，我为此与父母也争论过。退学后，一同去的朋友们很理解我。在新加坡及其他地区的中国留学生中，我不是特例。"高翔说，"两年留学也有收获，我学的是数学，同时选修了物理，学到了不少知识，还有新加坡大学的英语教学环境，这都对我未来的学习有益。"

高翔不认为自己适应力差，从小学到高中，他一直是优等生，还是高中班长。但他承认，出国前他对新加坡一无所知，只知道那里是自己"梦想的地方"，可是"环境、文化理念、人际交往习惯等细节其实对部分人来说影响很大。"

(选自《大众日报》2010 年 7 月 8 日，原题《山东小伙留学两年后因不适应退学　再考将读北大》，记者：王原，通讯员：马勇，有删改)

3. 高翔的父母和朋友们对他退学怎么看？两年的留学他有收获吗？（一拍脑袋、特例、有益）

4. 高翔对自己的留学经历有什么反思？（适应力、优等生、一无所知、文化理念、细节）

三 课文学习

（一）运用语篇（语段）表达框架学习课文，根据课文内容，用所给的词语和
表达格式回答下列问题，介绍高翔的出国留学经历

1. 请说说高翔到新加坡上大学，之后退学再次参加高考的经历。

2. 到新加坡留学后高翔有什么感受？在教学和人际交往方面各有什么不
适应？

3. 高翔的父母和朋友们对他退学怎么看？两年的留学他有收获吗？

4. 高翔对自己的留学经历有什么反思？

语篇结构	总说反思	留学经历	遇到的问题	留学的收获	对留学的反思
连接手段		高三时；2007年7月；2009年5月	……三个月后		
重要句式	看（根据）……来定	以……考取；以……被录取	谈到……；即使……也……	对……有益	一直是……，还是……；对……（人）来说影响很大
重要词语	反思、特质	放弃、应届生、适应、复读	感慨、格格不入、压抑、导致、行政班、自由度、串门、结交	一拍脑袋、特例、有益	适应力、优等生、一无所知、文化理念、细节

（二）话题讨论

1. 你理解高翔与留学环境格格不入的感受吗？你初到中国时有什么感受？

2. 中国的教学方式与你们国家的差异大吗？你适应吗？

3. 中国的人际交往习惯与你们国家一样吗？请谈谈你的感受。

4. 你觉得留学时最大的困难是什么？你想过放弃吗？为什么？

（三）我的观点：我看"高翔退学"

　　1. 参考之前的学习内容，思考、整理自己对"高翔退学"的看法。

　　2. 选出一位主持人，召开全班讨论会。

　　3. 如全班同学对"高翔退学"的意见不同，主持人可组织一次小辩论，

　　　参考辩题：

　　（1）高翔不应该退学

　　（2）"高翔退学"利大于弊

课文二　　三个留学时间点的利与弊

一 词语及句子学习

　　1. 重要词语：课前预习下列词语，参照课文了解词语的意思和用法

优劣	优势	约束力	人生观	学制
融入	出色			

　　2. 从给出的词语中选择合适的填入相应的词语搭配或表达结构中，并用填
　　　好的结构说句子

错过	形成	融入	获得
达到	明显	做出	适应

_____当地环境　　　　优势_____　　　　　　　_____水平

_____人生观　　　　　_____最佳语言学习期

_____国外生活　　　　_____选择　　　　　　_____机会

3. 读例句，并用给出的句式结构说句子

（1）……对……非常有帮助

在留学的国家获得高中学历，对申请该国优秀的大学非常有帮助。

（2）由于……，会出现……的问题

由于孩子年龄较小，会出现适应环境能力差、自我约束力弱等方面的问题。

（3）在……上为（人或事）打下了……的基础

高中毕业出国留学的优势是国内的高中教育在一些学科知识的学习上为孩子打下了比较扎实的基础。

（4）结合……做出选择（判断）

高中毕业生的人生观已经基本形成，可以结合自身的情况做出自己的人生选择。

（5）在……方面，不如……

大学本科毕业出国留学在融入当地环境、语言能力提升等方面，不如前两种情况出色。

二 课文

1. 留学有几个时间点的选择？哪个时间点更好？（优劣）

留学有三个时间点的选择：初中毕业后、高中毕业后和大学毕业后。那么，哪个时间点选择出国留学更好呢？总体来说，出国留学的学生年龄越小，越容易适应国外生活，但是各阶段学历留学各有其优劣，下面我们来看看对不同阶段的分析。

初中毕业申请国外高中

初中毕业出国留学优势非常明显，孩子年龄

2. 初中毕业出国留学有哪些优势和劣势？（优势、自我约束力）

越小，语言接受能力越强，可以比较快地达到当地人的语言水平。另外，在留学的国家获得高中学历，对申请该国优秀的大学非常有帮助。而劣势是由于孩子年龄较小，会出现适应环境能力差、自我约束力弱等方面的问题。

高中毕业申请国外本科

高中毕业出国留学的优势是国内的高中教育在一些学科知识的学习上为孩子打下了比较扎实的基础，而且高中毕业生的人生观已经基本形成，可以结合自身的情况做出自己的人生选择。

3. 高中毕业出国留学的优势是什么？（基础、人生观、形成）

大学本科毕业申请国外硕士

大学本科毕业出国留学的优势是学制短，留学时间只需要1至2年，花费比较少，更多的家庭能负担。劣势是学生年龄较大，人生观比较固定，语言学习错过了最佳时期，所以在融入当地环境、语言能力提升等方面，不如前两种情况出色。

4. 说说大学毕业出国留学的优势和劣势。（学制、融入、出色）

目前90%的留学生都是自费出国留学，花费较多。总体而言，目前美国留学费用最高，一般为一年30万至40万元人民币；其次是英国、澳大利亚等英联邦国家；亚洲地区的新加坡、韩国、日本处于中间价位。

（选自"百度文库"，有删改）

三 课文学习

（一）运用语篇（语段）表达框架学习课文，根据课文内容，用所给的词语和表达格式回答下列问题。整理、归纳三个留学时间点的优势和劣势，在全班介绍说明

1. 留学有几个时间点的选择？哪个时间点更好？

2. 初中毕业出国留学有哪些优势和劣势？

3. 高中毕业出国留学的优势是什么？

4. 说说大学毕业出国留学的优势和劣势。

语篇结构	总说三个出国留学的时间点	分说三个留学时间点的利弊：初中毕业申请国外高中、高中毕业申请国外本科、大学本科毕业申请国外硕士				
		初中毕业出国留学的优势和劣势		高中毕业出国留学的优势	大学毕业出国留学的优势和劣势	
		优势	劣势	优势	优势	劣势
语义层次		（1）有语言优势 （2）对申请该国的大学有帮助	出现适应环境能力差、自我约束力弱等问题	（1）在学科知识的学习上已经打下基础 （2）人生观已经基本形成	学制短、花费少，能负担	语言学习、融入当地环境不如前两种情况
连接手段		另外	而	而且		
重要句式	总体来说……；越……越……	……对……非常有帮助；由于……，会出现……的问题		在……上为……打下了……的基础	在……方面，不如……	
重要词语	优劣	优势、自我约束力		基础、人生观、形成	学制、融入、出色	

（二）话题讨论

1. 你认为三个出国留学时间点还有哪些优势和劣势课文中没有提到，请补充。

2. 你对哪一个优势或劣势体会最深，请谈一谈。

3. 你认为选择哪一个时间点出国最好？为什么？

肆　语言实践活动

留学咨询

1. 每位同学在课前查询相关资料，了解本国留学事宜。

2. 3至5人一组，其中一人为本国（或中国）留学中介公司的工作人员，其余为打算出国留学的学生（初中毕业、高中毕业、大学毕业）或学生家长，向留学中介公司的工作人员咨询留学的各方面事宜。

3. 参考问题：

（1）不同留学时间点的利与弊；

（2）留学国的中学、大学教学情况以及费用等问题；

（3）如何申请及获得留学资格；

（4）如何办理留学手续以及出国前需要注意的事项等；

（5）在留学国学习、生活需要注意的问题。

座谈：出国留学的利与弊

1. 阅读学习补充材料，参考补充材料的内容整理、归纳出国留学的利与弊，并结合自身的体会总结出自己的看法。

2. 全班选出两位主持人，召开全班讨论会。

补充材料：出国留学的利与弊

利

1. 现在大学毕业工作难找，与其在国内考研，不如到国外深造，完成学业的时间差不多，但去国外留学的含金量更高。

2. 出国可以学会一门地道的外语，为将来的求职做好准备。

3. 可以领略国外优美风光，开阔眼界，对未来生活和工作会有深远影响。

4. 在国外可以学到先进的知识和管理经验，锻炼独立生活的能力，培养坚强的性格，学会如何适应新的环境，如何与老师和同学相处，增强自己的人际交往能力。

5. 留学生活会极大地开阔你的视野，体验多元文化，锻炼独立思考与独立生活能力。通过留学生活，你会以更全面的眼光理解人性和社会，更全面地思考并设计自己的未来。

弊

1. 出国留学对于普通家庭来说是很重的经济负担，也是一种赌博，赌注是你的青春，父母的期待，以及父母一生的积蓄（有钱人例外），你会感到很大的压力。

2. 在新环境中经常会感到孤独、无助，生活上会有很多不习惯。初期的困难是找房子、付水电费、缴纳学费、办理银行卡、办理学生 ID 等等，这些事都要自己一件一件地应付。

3. 语言沟通是个大问题，如果语言水平不够，学习会很困难，也很难结交到朋友。还有文化和习惯的差异，你会发现你很难和外国学生打成一片，很难融入他们的生活，另外，有的当地人会有排外情绪。这些因素使你在短时间里很难融入异国文化氛围中。这些差异在你与当地人的交往中可能会引起误会，甚至争执。

4. 国外大学大多是宽进严出，想毕业并不容易，甚至有的时候你会想到放弃。

5. 留学回国后你会发现你的朋友都已经有了自己理想的工作，有了家庭，而你除了一张文凭之外，一切还得从头开始。而这时，也许你会觉得已经没有了年轻时的闯劲儿。

三 演讲：我的留学故事

每位同学准备发言提纲，之后在班里做 3 至 5 分钟演讲，题目是"我的留学故事"或自拟。

第三单元 宠物

壹 话题热身

两人一组，简要回答下列问题。

1. 你养过宠物吗？都养过什么宠物？简单说说。

2. 你喜欢动物吗？为什么？

3. 你怕动物吗？怕什么动物？为什么？

4. 你认为人和动物应该怎么相处？

贰 话题背景

一 重要词语：课前预习下列词语，参照课文了解词语的意思和用法

黏人	遛弯儿	寸步不离	大膝子	扑腾	夜宵
不怀好意	适应	欣慰	庆幸	归宿	

二 阅读下面的短文，根据语篇（语段）表达框架中的提示回答问题，两人或三人一组合作讲述鸭鸭的故事

1. 鸭鸭是怎么来到"我们"家的？（腻）

2. 鸭鸭有哪些特性？（黏人、遛弯儿、寸步不离、大膝子、扑腾）

多年前的一天早晨，天才亮，住一楼的我们就被像小鸟一样吱吱的尖叫吵醒。出门一看，发现窗下墙角有个纸盒，里面有只小黄鸭子，是只公鸭，才几个星期大，是楼上一家的小男孩儿玩儿腻了扔的。我们就把它养在院子里，叫它鸭鸭。

鸭鸭小时候非常黏人，一刻看不见我们，就尖尖地叫个不停。我老公就从屋里挪到院子里打字干活。鸭鸭见边上有人陪着，马上就不叫了。带它出门遛弯儿，它寸步不离地努力跟着我们跑，可它还小，没有多少力气，常常累得走不动。我们停下脚步来，它就把吃饱了的大膝子搭在我们脚面上歇歇。

等它长大些，我们带它去大门前的假山水池游泳。第一次手捧着放它进水池时，我很紧张，怕从没下过水的它会沉下去。可鸭鸭的脚下水胡乱伸了几下，就明白怎么游了。它飞快地从池子一头游到另一头，一路扑腾出高高的水花，那是

找到家乡的狂喜啊！

鸭鸭最爱吃的不是鱼虾，而是西红柿和蚯蚓，偶尔还吃白水煮的面条儿。我们每晚睡前都喂它个西红柿当夜宵。吃蚯蚓，要等下过雨的时候，我领它去操场边或路边的泥土地里挖。鸭鸭的扁嘴能准确敏捷地夹出刚挖露头的蚯蚓，一顿能吃几十条巨大的蚯蚓，天知道我们残害了多少蚯蚓啊！

养了大半年，鸭鸭成了院里所有小孩子的玩伴。晚饭后好多人抱孩子来看鸭鸭玩儿。鸭鸭白天有时在附近逛逛，天一黑就知道自己回窝。个别小孩子淘气、欺负它，鸭鸭很懂，会去找旁边乘凉的老奶奶求保护。要不，见淘气孩子朝它走过来，像是不怀好意的样子，它不等小孩子靠近，就从容地转身往家走。邻居看了说："你们的鸭子真聪明！"

后来管理科的人告诉我们，院里不允许饲养动物，必须把鸭子送走。我们只好送鸭鸭去了一个大公园里的"神奇岛动物乐园"。那里有大片水塘，已经有好多鸭鹅，工作人员也和善。送走鸭鸭那天，我们陪着吓坏了的鸭鸭在园里待到天黑关门，最后趁它不注意才狠心跑掉。当晚回家，我俩都难过得吃不下饭。过几天去看它，本来大块头的鸭鸭瘦多了，翅膀还有伤，据说是被园里

3. 鸭鸭喜欢吃什么？它和周围的人们相处得怎么样？（夜宵、敏捷、淘气、欺负、不怀好意、从容）

4. 鸭鸭后来被送到了什么地方？它在那儿生活得怎么样？（饲养、水塘、狠心、适应）

养的狗咬的。还得知鸭鸭动不动就跟上一个游客走出园子，可怜死了。我们带给它几个西红柿和一瓶蚯蚓，不知它什么时候能适应外面的生活。

5. 最后"我们"为鸭鸭感到欣喜，为什么？（探望、混、欣慰、庆幸、归宿、记忆）

又过了些日子，我们再去探望，发现鸭鸭终于下水塘和别的鸭子混到一起了。远远望去，水里好多白鸭子，我大喊一声"鸭鸭"，其中一个家伙直线朝我们游过来，还"归！归"地叫着。是我们的鸭鸭啊！它上岸叫我抱，吃我带来的蚯蚓，又跟着我们散了会儿步。可走着走着，它又跳下水塘，游走了。我们感到很欣慰，它终于能离开我们了。后来，它又上来一直送我们到大门口，然后站定不动，用豆豆眼看着我们，直到我们出了大门。我们庆幸鸭鸭找到了自己的好归宿。

鸭鸭是我们的第一个宠物，它和我们年轻时代的记忆永远连在一起。

1. 鸭鸭是怎么来到"我们"家的？

2. 鸭鸭有哪些特性？

3. 鸭鸭喜欢吃什么？它和周围的人们相处得怎么样？

4. 鸭鸭后来被送到了什么地方？它在那儿生活得怎么样？

5. 最后"我们"为鸭鸭感到欣喜，为什么？

语篇结构	鸭鸭的来历	鸭鸭的特性与生活				送走鸭鸭	
语义层次	鸭鸭来到"我们"家	黏人	游水	吃食	游玩	送走鸭鸭	最后的告别
连接手段	多年前的一天早晨	小时候；等它长大些；养了大半年				后来；送走鸭鸭那天；当晚；过几天；又过了些日子	
重要句式		……不是……而是……偶尔还……				据说是……；……着……着	
重要词语	腻	黏人、遛弯儿、寸步不离、大膦子、扑腾、夜宵、敏捷、淘气、欺负、不怀好意、从容				饲养、水塘、狠心、适应、探望、混、欣慰、庆幸、归宿、记忆	

三 讲述故事中最让你感动或者印象最深刻的某个场景，并说说你的感受

四 故事会

1. 养宠物或者养过宠物的同学请讲一个你和宠物的故事，要求参考"鸭鸭的故事"，内容包括宠物的来历、特性、喜欢吃的食物、喜欢玩儿的游戏、与你的情感交流以及现在的状况等，讲述要生动、形象、感人。

2. 没有宠物的同学请任选一个与动物有关的话题，说说自己的看法。

 课 文

课文一　有关饲养宠物的调查

一　词语及句子学习

1. 重要词语：课前预习下列词语，参照课文了解词语的意思和用法

热议	消除	孤寂	娱乐	哺乳类
刺猬	鹦鹉	金丝雀	蜥蜴	龟
鳄鱼	两栖类	娃娃鱼	蟋蟀	蜘蛛

2. 读例句，并用给出的句式结构说句子

（1）……引起……热议

　　现在社会上养宠物的人越来越多，养宠物的利弊问题也引起了人们的热议。

（2）就……问题……

　　为此，我们就养宠物的问题做了一个调查。

（3）对……持……的态度

　　10％的人对养不养宠物持无所谓的态度。

二　课文

1. 调查结果显示，人们养宠物的目的是什么？（热议、满足、消除、孤寂、娱乐、对待）

　　现在社会上养宠物的人越来越多，养宠物的利弊问题也引起了人们的热议。为此，我们就养宠物的问题做了一个调查，以下是我们的调查结果。

　　据调查，人们养宠物不是为了经济目的，而

是为了精神上的满足，大部分人为了消除孤寂或者娱乐而养宠物，大部分宠物受到了很好的对待。

　　人们饲养的宠物大多是哺乳类或鸟类中体型比较小的动物，因为这些动物脑子比较发达，容易和人交流。目前常见的宠物包括：

　　（1）哺乳类：马、狗、猫、兔、刺猬、小型的猪、猴等；

　　（2）鸟类：鹦鹉、金丝雀等；

　　（3）爬行类：蜥蜴、龟、鳄鱼；

　　（4）两栖类：蛙、娃娃鱼；

　　（5）鱼类：金鱼、热带鱼；

　　（6）昆虫类：蟋蟀、蜘蛛。

　　我们在调查中还发现：

　　（1）92%的人养过宠物，8%的人从未养过任何品种的宠物。

　　（2）72%的人赞成养宠物，18%的人不赞成养宠物，而10%的人对养不养宠物持无所谓的态度。

（选自"百度文库"，有删改）

2. 人们主要养哪些宠物？为什么？（哺乳类、体型、两栖类）

3. 多少人养过宠物？人们对养宠物持什么态度？（品种）

三 课文学习

（一）运用语篇（语段）表达框架学习课文，根据课文内容，用所给的词语和表达格式回答下列问题，介绍有关宠物的调查情况

　　1. 调查结果显示，人们养宠物的目的是什么？

　　2. 人们主要养哪些宠物？为什么？

　　3. 多少人养过宠物？人们对养宠物持什么态度？

语篇结构	人们饲养宠物的目的	饲养宠物的种类	调查发现	
语义层次			是否养过	对饲养宠物的态度
重要句式	……引起……热议；就……问题……		对……持……的态度	
重要词语	热议、满足、消除、孤寂、娱乐、对待	哺乳类、体型、两栖类	品种	

（二）小调查

　　5至8人一组，设计调查问卷或表格，调查组内人员养宠物的情况，然后参考课文拟出调查报告大纲，每组汇报调查情况。

　　1. 养不养宠物？为什么？

　　2. 养哪些宠物？为什么？

　　3. 对养宠物持什么态度？

🛩 课文二　　饲养宠物的好处

🔘 词语及句子学习

　　1. **重要词语：**课前预习下列词语，参照课文了解词语的意思和用法

增添	乐趣	成就感	社会形象	充实
空巢	伴侣	价值感	责任心	免疫系统
心理阴影	有益	频率	节省	开支
焦虑	抑郁	效率	融洽	改善
报警	产业	带动		

2. 从给出的词语中选择合适的填入相应的词语搭配或表达结构中，并用填好的结构说句子

获得	减轻	培养	增添	密切
降低	带动	提供	形成	改善
提高	应付	有益	节省	消除

_____乐趣　　　　　　　　_____孤寂

_____满足感 / 成就感　　　_____机会

_____压力 / 焦虑　　　　　　_____抑郁程度

_____开支　　　　　　　　　_____身心健康

_____产业发展　　　　　　　_____效率

_____身心健康　　　　　　　_____小病小灾

_____关系　　　　　　　　　_____产业

_____责任感 / 爱心 / 社交能力

3. 读例句，并用给出的句式结构说句子

（1）实验研究证明

　　实验研究证明，有宠物陪伴的人社会形象好，社交机会更多。

（2）研究结果显示

　　有研究结果显示，空巢老人养宠物的比不养宠物的在身体和心理方面都更健康。

（3）……对……有很大（直接 / 间接）的影响

　　动物伴侣对人的身心健康有很大的影响。

（4）……有利于……

　　养宠物有利于心理健康。

41

二 课文

1. 养宠物能为生活增添乐趣吗?（获得、满足感、成就感、社会形象、社交机会）

2. 养宠物对老人来说有什么好处?（孤独、消除、孤寂、充实、身心健康、安全感、价值感、满意度）

3. 养宠物对小孩子有什么好处?（责任心、爱心、社交能力、同情、精神压力、免疫系统、功能、应付、心理创伤、心理阴影）

4. 养宠物对身心健康有什么好处?（有益、频率、节省、开支、有利于、心理健康、心理压力、焦虑、降低、抑郁、效率）

饲养宠物为生活增添乐趣。饲养宠物可以给人带来很多乐趣，养宠物的人可以从宠物身上获得满足感和成就感。实验研究证明，有宠物陪伴的人社会形象好，社交机会更多。

一些孤独的老年人通过与宠物的相互沟通，消除了生活的孤寂，生活更充实。有研究结果显示，空巢老人养宠物的比不养宠物的在身体和心理方面都更健康。动物伴侣对人的身心健康有很大的影响，老人所需要的安全感、价值感、被爱和被需要的感觉，都可由动物伴侣提供，养宠物的老人幸福感和对生活的满意度更高。

饲养宠物可以培养孩子的责任心、爱心和社交能力。饲养小动物会让孩子理解和同情动物，培养孩子的责任感和爱心。此外，还可以让孩子更快乐，减轻精神压力。养宠物的儿童和宠物一起多活动，锻炼了身体，他们的免疫系统的功能会更强大，可以轻松地应付小病小灾，身体更健康。对于有心理创伤的儿童来说，宠物会成为他们很好的朋友，帮助他们走出心理阴影。

养宠物有益身心健康，可以起到治疗疾病的作用。澳大利亚和德国的调查结果显示，养宠物者比不养者就医的频率要小，可节省大量医疗开支。养宠物也有利于心理健康，喂养宠物能够减轻人的心理压力和焦虑，降低抑郁程度，提高工作效率。

　　饲养宠物可以促进人们进行体育锻炼，提供人与人相互交流的机会。因为宠物是人们交往时很好的开始交谈的话题，可以增加人们接触的机会，并让交往变得愉快和融洽，因此宠物能加强人们之间的社会交往，密切关系，从而改善人们的身心健康，使人们容易获得更多的友谊。

　　饲养宠物犬可以保护家庭，使整个家庭有安全感。如果老年人在家发生意外，经过训练的宠物伴侣能及时报警。

　　围绕宠物饲养形成了一系列的产业，包括宠物美容、宠物用品、宠物药品、宠物医院、宠物饲料等，解决了很多人的就业问题，带动了相关经济的发展。

5. 养宠物可以促进人们进行体育锻炼吗？（提供、机会、接触、融洽、密切、改善）

6. 养宠物与家庭安全有什么关系？（安全感、意外、报警）

7. 养宠物与经济发展有什么关系？（形成、产业、解决、带动、发展）

三　课文学习

（一）学习课文二，然后根据课文内容，用所给的词语回答下列问题

　　1. 养宠物能为生活增添乐趣吗？

　　2. 养宠物对老人来说有什么好处？

　　3. 养宠物对小孩子有什么好处？

　　4. 养宠物对身心健康有什么好处？

　　5. 养宠物可以促进人们进行体育锻炼吗？

　　6. 养宠物与家庭安全有什么关系？

　　7. 养宠物与经济发展有什么关系？

（二）话题讨论

3 至 5 人一组，讨论并总结课文中没有提到的养宠物的好处，然后在全班汇报讨论结果。

课文三　饲养宠物的坏处

一 词语及句子学习

1. 重要词语：课前预习下列词语，参照课文了解词语的意思和用法

传播	感染	携带	狂犬病	病毒
弓形体	流产	畸形	伤害	环保意识
丢弃	尸体	一门一户	纠纷	管教
付出	限制	遗弃		

2. 从给出的词语中选择合适的填入相应的词语搭配或表达结构中，并用填好的结构说句子

付出	携带	引起	成为	造成
丢弃	污染	传播	遗弃	感染

_____、_____病毒　　　　　　_____伤害/危害

_____负担　　　　　　　　　　_____疾病

_____、_____宠物　　　　　　_____环境

_____纠纷　　　　　　　　　　_____时间和精力

3.读例句，并用给出的句式结构说句子

（1）……引起……

　　　猫携带的弓形体可能会引起孕妇流产和胎儿畸形。

（2）……给……造成……伤害

　　　目前宠物咬人、伤人的事故发生得比较多，给人造成了肉体和精神

上的伤害。

（3）……成为……的（经济、思想）负担

　　　较高的治疗和防疫费用也成为饲养者的经济负担。

（4）……对……造成危害

　　　饲养宠物对环境造成危害。

二　课文

　　（1）宠物易传播疾病。宠物狗和猫最容易感染和携带狂犬病病毒，猫携带的弓形体可能会引起孕妇流产和胎儿畸形，所以要定期对宠物进行健康检查。

　　（2）目前宠物咬人、伤人的事故发生得比较多，给人造成了肉体和精神上的伤害，较高的治疗和防疫费用也成为饲养者的经济负担。

　　（3）饲养宠物对环境造成危害。由于大多数宠物饲养者环保意识比较差，犬、猫在小区或公共场所随地大小便，饲养者随意丢弃宠物的尸体等，都严重污染了我们的生活环境。

　　（4）饲养宠物可能会影响邻里关系。大部分饲养者没有一门一户的居住条件，宠物的叫声

1. 为什么要定期对宠物进行健康检查？（传播疾病、感染、携带、狂犬病、病毒、弓形体、流产、畸形）

2. 宠物咬人、伤人事故带来什么问题？（造成、肉体、精神、伤害、防疫费用、经济负担）

3. 饲养宠物对环境有什么影响？（危害、环保意识、随意、丢弃、尸体、污染）

4. 饲养宠物会影响与邻居的关系吗？（一门一户、叫声、引起、纠纷）

5. 饲养宠物对饲养者的经济、时间和精力有什么要求？（花费、经济负担、耐心、付出、精力、限制、体会、遗弃）

会影响邻居的生活，引起不必要的纠纷。

（5）饲养宠物花费大，会增加家庭的经济负担。

（6）管教宠物需要耐心，要付出时间和精力，而且饲养宠物也限制了人们的很多自由，比如外出做客、旅行时宠物无人照顾等问题，有的人饲养以后才有体会，于是出现遗弃宠物的现象。

三 课文学习

（一）学习课文三，然后根据课文内容，用所给的词语回答下列问题

1. 为什么要定期对宠物进行健康检查？

2. 宠物咬人、伤人事故带来什么问题？

3. 饲养宠物对环境有什么影响？

4. 饲养宠物会影响与邻居的关系吗？

5. 饲养宠物对饲养者的经济、时间和精力有什么要求？

（二）话题讨论

3 至 5 人一组，讨论并总结课文中没有提到的养宠物的坏处，然后在全班汇报讨论结果。

（三）座谈：如何科学饲养宠物

4 至 6 人一组，总结课文内容，再结合补充材料，就"如何科学饲养宠物"提出各组的意见。

补充材料

　　饲养宠物有利也有弊，关键是要做到健康、安全地饲养宠物。

　　首先，饲养前要经过家庭所有成员的同意，同时要考虑所在小区的一些规定。

　　其次，要合法饲养，该办证的办证，该打预防针的打预防针。

　　最后，要有责任心。及时清理宠物的粪便，不可随意丢弃宠物及宠物尸体。

　　总之，饲养宠物有利有弊，在饲养宠物前要充分权衡利弊，饲养后要把坏处降到最低程度。宠物是善解人意、充满智慧的小精灵，它们与人类之间的感情纯真而美好。人与宠物为伴，只要选择适合自己的品种，注意科学的喂养方式，与宠物和谐相处，人们的生活一定会更加多彩。

肆　语言实践活动

一　座谈会

　　全班选出两位主持人，召开座谈会，分别就以下问题进行探讨。

1. 在你们国家养宠物有什么限制？人们都喜欢养什么宠物？为什么？

2. 在养宠物的人心中，宠物是什么？为什么？

　　（1）伴侣　　　　（2）朋友　　　　（3）家庭成员　　　　（4）玩具

　　（5）向别人炫耀的东西

3. 你觉得养宠物应该注意什么？你认为哪些动物不适合做宠物？哪些人不适合养宠物？

4. 现代社会养宠物的人越来越多，你认为原因是什么？

5. 你认为人们应该怎样对待宠物？

二 辩论：该不该养宠物

1. 全班同学分为正反两方，再选出一名（或两名）主持人。

2. 双方商议拟定具体的辩论题目，各方讨论辩论思路，准备发言提纲，各选出四位主要辩手，作为一至四辩发言，阐述己方观点，展开辩论。

3. 辩论分两个部分进行：

   第一部分：各方一至四辩按顺序轮流陈述己方观点，并反驳对方观点。四辩侧重总结己方观点。

   第二部分：自由辩论，两组人员可自由发言。

4. 辩论结束后教师对辩论做出点评，全班评选最佳辩手。

辩手	赞成饲养宠物（参考）	反对饲养宠物（参考）
一辩		
二辩		
三辩		
四辩		

三 主题演讲：人与动物

要求：在"人与动物"的大主题下选择、确定自己的演讲小话题，写出提纲，在班上进行 3 至 5 分钟的演讲。

第四单元
工作

工作

壹 话题热身

两人一组，简要回答下列问题。

1. 你小时候的理想是什么？现在有变化吗？

2. 你认为理想和现实有差距吗？

3. 在你看来，什么样的工作是理想的工作？

4. 对你来说，福利、薪资、广阔的发展空间、好的工作环境，哪一个更重要？

5. 如果一个工作做起来心情很舒畅，你会在意职位、工资和福利待遇吗？

贰 话题背景

一 重要词语：课前预习下列词语，参照课文了解词语的意思和用法

积累	竞争实力	崇拜	行政管理	福利
薪资	发展空间	舒畅	得心应手	在乎
职位	开销	对口	欠缺	乐意
专业技能	胜任	一事无成	顺心	

二 阅读下面的短文，根据语篇（语段）表达框架中的提示回答问题，介绍课文中的六个人对工作的看法

1. 说说"樱桃小丸子"的理想。（管理员、书香、幸福）

2. "小飞蛾"现在对工作满意吗？他有什么打算？（积累、经验、竞争实力）

3. "青衣"的理想是什么？她对现在的工作满意吗？她想做什么？（现实、差距、崇拜、行政管理、厌倦、单纯）

1. 樱桃小丸子

从小到现在，我的理想是当一名图书馆的管理员。最好生活在一个小城市，在不太大、不太忙的图书馆工作。每天闻着书香，有那么多看不完的书。这就是我理想中的幸福。

2. 小飞蛾

刚工作一年多，我现在对自己的工作不满意，但没办法，还不能换工作。我选择社会，社会也在选择我。我要在工作中多积累经验，增强竞争实力，再去追求我的理想。

3. 青衣

大家小时候都写过"我的理想"这篇作文吧，还记得你那时候的理想吗？转眼我们都已经

长大，小时候的理想和现在的现实有多么大的差距啊！

　　我记得特别清楚，当时我的理想是当一名老师，因为我小学时候的成绩很好，老师很喜欢我，我也特别崇拜老师。而现在呢，我干着一份和老师完全没有关系的工作，在一家公司做行政管理。这份工作已经让我感到非常厌倦，如果有可能，我真的愿意到学校当一名语文老师，到幼儿园也不错。我觉得和小孩子在一起会很快乐，因为他们都很单纯。

　　4. 花儿

　　理想的工作是有好的福利和薪资，有广阔的发展空间，有良好的工作环境。不过，这些条件要全都具备不太可能，我认为，工作一定要心情舒畅，这是最重要的。

4. "花儿"的理想工作是什么样的？她认为最重要的是什么？（福利、薪资、广阔、发展空间、具备、舒畅）

　　5. 土豆

　　一份好工作要符合自己的心意，做起来得心应手。只要自己心情舒畅就不在乎职位、工资、福利待遇等等。当然做这份工作的收入也要满足自己的生活开销。

5. 说说"土豆"对工作的看法。（符合、心意、得心应手、在乎、职位、待遇、开销）

　　6. 无名

　　首先，最好的情况就是能做自己有兴趣的、而且也有能力完成的工作，这样能获得最大的

6. "无名"说了哪四种工作状态？他有什么建议？（满足感、评价、发展机会、对口、欠缺、乐意、相应，专业技能、胜任，一事无成，顺心、忽视、乐趣）

满足感，工作能获得最好的结果，相应地也就能得到最好的评价，获得更多的发展机会，待遇也会越来越好。

其次是虽然专业不对口，能力有欠缺，但是能做自己感兴趣的工作，这样你会很乐意去学习、提高，而且提高得会很快，当然相应地得到的也会更多。

再次是这份工作虽然自己不太感兴趣，但你具备专业知识和专业技能，能比较轻松地胜任，容易做出成绩。

最差的情况是你既不具备专业知识，也对工作没有兴趣，那很可能一事无成。

真的不顺心的时候，努力忽视不喜欢的方面，培养自己的兴趣，也许也能从工作中获得乐趣。

1. 说说"樱桃小丸子"的理想。

2. "小飞蛾"现在对工作满意吗？他有什么打算？

3. "青衣"的理想是什么？她对现在的工作满意吗？她想做什么？

4. "花儿"的理想工作是什么样的？她认为最重要的是什么？

5. 说说"土豆"对工作的看法。

6. "无名"说了哪四种工作状态？他有什么建议？

语篇结构	语义层次	连接手段	重要句式	重要词语
"樱桃小丸子"的理想				管理员、书香、幸福
"小飞蛾"的工作打算			对……（很/不）满意	积累、经验、竞争实力
"青衣"的理想		而	……和……有……差距	现实、差距、崇拜、行政管理、厌倦、单纯
"花儿"的理想工作		不过	……是最重要的	福利、薪资、广阔、发展空间、具备、舒畅
"土豆"对工作的看法				符合、心意、得心应手、在乎、职位、待遇、开销
"无名"的四种工作状态	第一种情况	首先；这样；相应地		满足感、评价、发展机会
	第二种情况	其次；虽然……，但是……，而且……，当然……		对口、欠缺、乐意、相应
	第三种情况	再次；虽然……，但……		专业技能、胜任
	第四种情况	最差的情况；既……也……		一事无成
	建议			顺心、忽视、乐趣

三　课堂讨论

全班（可分组）展开讨论，每位同学分别就课文中的六个人的意见发表自己的看法。

四　三分钟演讲（任选一个参考题目，或自拟题目）

1. 我的理想

2. 我理想的工作

3. 我对未来的规划

 课 文

课文　如何找到自己最理想的工作

一 词语及句子学习

1. 重要词语：课前预习下列词语，参照课文了解词语的意思和用法

挑战	战胜	意志	职业规划	求职动机
求职技巧	挫折	原则	热门	有利于
要素	综合实力	留意	岗位需求	从事
胜任	应届生	眼高手低	客观	人才现场交流会
特长	职场竞争	供不应求		

2. 从给出的词语中选择合适的填入相应的词语搭配或表达结构中，并用填好的结构说句子

实现	挑战	战胜	锻炼	欠缺	遇到
提供	积累	追求	适合	提高	有利于

_____困难和挫折　　　　　_____工作经验

_____建议　　　　　　　　_____理想

_____自己　　　　　　　　_____自己

_____工作经验　　　　　　_____自己的发展

_____意志　　　　　　　　_____未来的发展

_____工作能力　　　　　　_____理想

3. 读例句，并用给出的句式结构说句子

（1）不要……而……

不要只想着追求所谓的理想，而忽略了锻炼自己的意志。

（2）不管是……还是……，都有……，就是……

不管是学习专业还是寻找工作，都有一个原则，就是热门的未必是适合你的，待遇好、工作轻松、环境好的岗位未必就是最有利于你发展的岗位。

（3）对于……来说，……并不（难），（难的）是……

对于现在的年轻人来说，找到工作并不难，难的是找到自己喜欢的工作。

（4）首先是……，其次是……，总结起来说，就是……

首先是要了解自己的综合实力，其次是要密切留意社会上的岗位需求，总结起来说，就是要回答三个问题。

（5）……既是……，又是……，还是……，对于……来说，是……的

想要找到既是自己想做的，又是自己目前就可以胜任的，还是市场上供不应求的岗位，对于应届生或是职场经验不多的年轻人来说，真的是不太现实的。

📖 课文

公司经理：

理想的工作不是一下就可以找到的。要先完成自己正在做的工作，慢慢努力，才能逐步接近并最终实现自己的理想。面对一份自己不喜欢或不适应的工作时，如果你去做好它，完成它，那就是挑战了自己，战胜了自己。不要只想着追求所谓的理想，而忽略了锻炼自己的意志。

1. 公司经理为年轻人找工作提出了什么样的建议？（接近、挑战、战胜、忽略、意志）

2. 专家 A 认为什么样的年轻人找工作会遇到困难和挫折？（欠缺、职业规划、求职动机、求职技巧、挫折）

3. 专家 A 认为不管是学习专业还是找工作，最重要的原则是什么？（原则、热门、有利于、要素）

4. 专家 A 说现在年轻人喜欢找什么样的工作？这样的想法现实吗？他的建议是什么？（现实、积累、宝贵）

5. 对如何找到适合自己的工作，专家 B 有哪三点建议？（综合实力、留意、岗位需求、从事、胜任、应届生、眼高手低、技能、招聘、面试、沟通）

专家 A：爱上你的工作

有能力的人到哪里都不愁找不到好工作，相反，欠缺工作经验的年轻人，如果没有一个正确的职业规划、良好的求职动机、成熟的求职技巧，可能到哪儿都会遇到不少困难和挫折，所以，我想为正在求职的年轻人提供一些建议：

不管是学习专业还是寻找工作，都有一个原则，就是热门的未必是适合你的，待遇好、工作轻松、环境好的岗位未必就是最有利于你发展的岗位，适合自己的发展，能学到东西是首先应该考虑的要素！等你学习、积累了一定的工作经验，工作能力提高了，待遇自然会好起来的。

对于现在的年轻人来说，找到工作并不难，难的是找到自己喜欢的工作。现在的年轻人，大多喜欢"钱多、活少、离家近、坐办公室"的工作，其实这样的想法常常是不太现实的，所以我给出的建议是，先找一份更适合自己发展，能积累到很多经验的工作。有了宝贵的工作经验，再向上发展或去寻找更理想的工作就不难了。

专家 B：如何找到适合自己的工作？

首先是要了解自己的综合实力，其次是要密切留意社会上的岗位需求，总结起来说，就是要回答三个问题：

第一个问题：我想做什么？也就是在目前了解的职业中，根据自己的兴趣爱好，找到自己非常乐意去从事的工作。

　　第二个问题：我能做什么？自己喜欢的工作未必有能力胜任，尤其对于没有工作经验的大学应届生来说，一定不能眼高手低，必须客观判断自己目前有哪些技能，可以胜任社会上的哪些具体岗位。

　　第三个问题：市场要什么？这是关键中的关键。地区不同，经济发展状况不一样，各地的岗位需求也大不一样。要关注当地的招聘信息和人才招聘网站。另外，千万不要一直待在家里找工作，要多参加各地的人才现场交流会。除了能了解岗位需求之外，还能在现场和用人单位面对面地交流和接触，丰富自己的面试经验，提高与人沟通的能力。

　　总之，只要好好回答这三个问题，从三个问题的答案中找到自己的特长和需求，就明白自己努力的方向了。当然，现实和理想是有很大差距的，在复杂多变的职场竞争中，我建议大家还是重点把握好"我能做什么"和"市场要什么"这两个问题，毕竟，想要找到既是自己想做的，又是自己目前就可以胜任的，还是市场上供不应求的岗位，对于应届生或是职场经验不多的年轻人来说，真的是不太现实的。我们还是要注重在基层岗位上的积累和锻炼，做好自己的职业规划，逐步向自己理想的岗位目标去努力、去靠近。

6. 这三个问题中需要重点把握什么？（特长、职场、供不应求、注重）

（选自豆丁网，有删改）

三 课文学习

（一）运用语篇（语段）表达框架学习课文，根据课文内容，用所给的词语和表达格式回答下列问题，介绍公司经理和专家为年轻人找工作提出的建议

1. 公司经理为年轻人找工作提出了什么样的建议？

2. 专家 A 认为什么样的年轻人找工作会遇到困难和挫折？

3. 专家 A 认为不管是学习专业还是找工作，最重要的原则是什么？

4. 专家 A 说现在年轻人喜欢找什么样的工作？这样的想法现实吗？他的建议是什么？

5. 对如何找到适合自己的工作，专家 B 有哪三点建议？这三个问题中需要重点把握什么？

专家 A

语篇结构	给年轻人提供建议的原因	学习专业或找工作的最重要的原则	建议
连接手段	所以		所以
重要句式	为……提供……建议	……未必是……；……有利于……	对于……来说，……并不难，难的是……
重要词语	欠缺（经验）、职业规划、求职动机、求职技巧、挫折	原则、热门、有利于、要素	现实、积累、宝贵

专家 B

语篇结构	提出要回答的三个问题	详细阐述三个问题			总结并提出建议	
语义层次		我想做什么	我能做什么	市场要什么	总结	建议
连接手段	首先……，其次……，总结起来说	第一个问题；第二个问题；第三个问题			总之；当然；毕竟	

语篇结构	提出要回答的三个问题	详细阐述三个问题	总结并提出建议
重要句式		对于……来说；除了……之外，还能……	……既是……，又是……，还是……，对于……来说，是……的
重要词语	综合实力、留意、岗位需求	从事、胜任、应届生、眼高手低、技能、招聘、面试、沟通	特长、职场、供不应求、注重

（二）话题讨论

　　1. 你认为公司经理和两位专家的建议有道理吗？为什么？

　　2. 你工作过或者打过工吗？请结合你找工作的经历谈谈你对公司经理和两位专家的意见的看法。

（三）课堂小调查及小讨论

　　1. 3至5位同学一组，每人填写下面的表格，之后互相交流、了解各自填写的情况。

姓名	我想做什么	我能做什么	市场要什么

　　2. 每组概括总结调查情况，讨论回答下面的问题。

　　（1）想做的工作和能做的工作是否一致？

　　（2）想做、能做的工作和市场的需求是否一致？

　　（3）如果不一致，你们认为应该怎么做？是坚持自己的爱好、理想，还是适应市场的需求？

肆 语言实践活动

一 求职交流会

全班选出两位主持人，召开职业交流会，分别就以下问题进行探讨。

1. 在选择工作时，待遇好、工作轻松、环境好和有利于将来的发展等条件，你最看重哪一个？为什么？

2. 你认为做职业规划重要吗？为什么？你有自己的职业规划吗？

3. 如果你不喜欢或者不适应现在做的工作，你会怎么做？为什么？

4. 你认为怎么才能做好一份工作？工作中最重要的是什么？

二 最佳简历

1. 学习补充材料。

2. 在网上找一个自己希望去应聘的工作岗位，参考补充材料的内容分析该岗位的具体情况和要求，做一份自己的求职简历。

3. 3 至 5 位同学一组，交换阅读其他同学的简历，指出每份简历的优点和不足，选出一份最佳简历，在全班介绍。

补充材料

你的简历是不是千篇一律？绝大多数的求职者只准备一份"万能简历"，应聘 A 岗位是这个简历，应聘 B 岗位也是这个简历，从来没有考虑过要根据对方单位的具体情况以及应聘岗位的具体要求，做一份有针对性的简历。只有在简历中有针对性地根据每条招聘要求突出自身的优势、胜任的具体条件，才有可能在面试中让考官了解你的能力和特长，感受到你的诚意和用心。

三 模拟面试

1. 全班分为两组，学习补充材料，讨论"面试应该注意哪些方面的问题"，参考补充材料的内容准备面试。

2. 每组人员分为面试官（3 人）和应聘者（若干），在网上搜索感兴趣的招聘广告，根据广告的内容分别准备面试，在全班表演。

补充材料

（1）面试前要仔细了解招聘企业的情况，包括对方的企业文化、主营业务和未来的发展方向。如果对这个企业一点儿都不了解，只知道来面试××岗位，那对方肯定不想要这样的人，因为你一点儿诚意也没有。

（2）要分析你真正符合要求的岗位有多少。不少求职者应聘，简历乱投一气，没有冷静地逐条分析对方的任职要求。有两种情况你必须好好考虑是否去应聘。一种情况是对方提出的招聘条件，你是不是每条都符合，如果五条中有四条是绝对胜任的，那还有一条是不是硬条件（比如有的岗位要求持有会计师证、计算机证等）？另一种情况是如果你符合的条件低于四条，那用人单位在有充分的选择余地的情况下，是不会考虑你的。

（3）要注意面试时与考官交流的技巧问题，包括基本的职场礼仪、个人的言谈举止等。最重要的是，回答问题（包括自我介绍）一定要围绕对方单位的情况，表达自己对招聘单位企业文化和发展方向的认同，以及如果能够从事该工作，自己有哪些想法和打算等等，不要给对方计较工资待遇的感觉，要让对方感受到你希望与公司共同发展，共同进步。

3. 面试准备参考要点

招聘广告的要求	面试官	应聘者
1. …… 2. …… 3. …… 4. ……	1. 根据招聘广告的要求商量确定要考察应聘者哪些方面的素质； 2. 确定提问的分配，选定主面试官，由主面试官控制面试程序； 3. 拟定具体的问题。	1. 根据招聘广告的要求准备好自我介绍； 2. 根据招聘广告内容设想面试官可能会提出的问题并准备答案。
注意事项	注意面试开始、面试中和面试结束环节的应对和礼貌，面试过程要完整。	

四 调查

1. 3 至 5 人一组，讨论设计一份调查问卷，调查对象分别是青年人、中年人和老年人（每位学生最少调查 5 人）；

2. 了解被调查者现在的工作情况、对现有工作的满意程度，以及对未来工作的打算等，征求他们对求职及完成好工作的建议；

3. 分析不同年龄段的人对工作的态度和想法，根据调查结果和分析得出的结论完成调查报告，并为年轻人求职提出建议；

4. 全班召开调查报告会，各组成员合理分工，共同完成口头报告。

第五单元
整容

整容

壹 话题热身

两人一组，简要回答下列问题。

1. 你们国家整容的人多吗？

2. 你身边有整容的同学或朋友吗？你觉得他们整容的效果怎么样？

3. 你对整容是什么态度？赞成还是反对？

4. 你会去整容吗？

5. 你知道身体的各部位有哪些整容的方法吗？

贰 话题背景

一 重要词语：课前预习下列词语，参照课文了解词语的意思和用法

修饰	美化	冲动	人性	器官再造
有益于	司空见惯	忌讳	曝光	澄清
见不得人	权利	符号		

二 阅读下面的短文，根据语篇（语段）表达框架中的提示回答问题，介绍有关整容的信息

1. 明星都做过什么样的整容？（骨盆、隆胸、眼袋、眼睑、矫正、染、拉皮、硅胶、肉毒杆菌）

美国加州大学医院的一位美容权威指出：美国艺人们一年花在整容上的钱超过1亿美元。费雯·丽为追求肥臀纤腰，做了骨盆扩充手术。玛丽亚·凯莉做过两次隆胸手术，脸部、颈部都换过皮肤。麦当娜曾做过去除眼袋和收紧眼睑的手术。玛丽莲·梦露曾用热蜡加电解法清除过多的毛发，扩大前额，修整鼻子和下巴，矫正突出的牙齿，把她原来的浅棕色头发染成淡金色，后来又剔掉鼻尖上的一个小肉瘤。她的纤细腰肢是通过除去两根肋骨达到的。许多男明星也尝试整容，比如施瓦辛格就缩短了下巴；史泰龙不仅服用药物，还做拉皮，注射硅胶来撑起肌肉；汤姆·克鲁斯每隔一段时间就要注射一次肉毒杆菌。

2. 人类是什么时候开始使用化妆品的？这说明什么？（修饰、美化、冲动、人性）

人类自古就有爱美之心。据考证，古代人类就使用化妆品，这说明人们修饰和美化自己的冲

动不是因为现代文明的压力，而是出于人性的需要。今天，随着观念的开放，整容手术被看作是一种技术化的化妆术。越来越多的人意识到，使用化妆品美容与通过手术使自己变得更漂亮、更年轻没有本质的区别，不同的是，化妆品美容要天天维护，而手术可保持比较长的时间。它们都有一个共同的目的，那就是改变不满意的身体部分，使自己看起来更加美丽动人。

整容这项技术最初出现在二战之后，用来帮助战争中失去器官的人做器官再造，后来发现可以改变人的外貌，使容貌更美，便发展为一项专业技术。现在全世界接受整容手术的人越来越多。有调查资料表明，正确地接受了整容手术的人，不仅可以变美，平均寿命还会增加 3～5 岁，收入增加 7%～20%。整容可以让人增强自信，体验快乐，有益于成功，有益于获得幸福生活。

现在人们对整容已是司空见惯，但有的娱乐圈明星却对"整容"一事十分忌讳，被曝光整容，居然还要召开记者会，澄清自己没有整容，好像整容是见不得人的事。其实，这大可不必。选择是否整容是个人的权利，而且名人也是一个时期、一个国家和地区的人群符号，他们不仅需要美，也有义务和责任去追求美。

（选自"百度知道"，原题《明星该不该整容》，有删改）

3. 在现代人看来，整容手术和使用化妆品美容有什么异同？（本质、维护、保持）

4. 整容术是怎么产生的？它有什么益处？（器官再造、寿命、有益于）

5. 明星愿意公开自己整容的情况吗？作者对此怎么看？（司空见惯、忌讳、曝光、澄清、见不得人、权利、符号）

1. 明星都做过什么样的整容？

2. 人类是什么时候开始使用化妆品的？这说明什么？

3. 在现代人看来，整容手术和使用化妆品美容有什么异同？

4. 整容术是怎么产生的？它有什么益处？

5. 明星愿意公开自己整容的情况吗？作者对此怎么看？

语篇结构	明星整容的情况		人类使用化妆品的历史及整容与使用化妆品的异同		整容术的产生、发展以及它的益处		作者对明星整容的看法	
语义层次	女明星整容的情况	男明星整容的情况	人类使用化妆品的历史	整容与化妆品的异同	整容术的产生和发展	整容术的益处	明星的态度	作者的看法
连接手段					最初……后来……现在……		其实	
重要句式			不是……而是……；随着……，……被看作……		有调查资料表明……；……有益于……			
重要词语	骨盆、隆胸、眼袋、眼睑、矫正、染、拉皮、硅胶、肉毒杆菌		修饰、美化、冲动、人性、本质、维护、保持		器官再造、寿命、有益于		司空见惯、忌讳、曝光、澄清、见不得人、权利、符号	

三 以短文各自然段为基础，确定小话题，补充相关内容，全班同学分组准备PPT，在班上介绍

小话题：

1. 整容的部位及方法。（第一自然段）

2. 整容术和使用化妆品的异同。（第二自然段）

3. 整容术的产生和发展。（第三自然段）

4. 明星整容的情况、他们对整容的态度及人们对明星整容的看法。（第一、四自然段）

四　课堂讨论

1. 你认为明星该不该整容？如果你知道你喜欢的明星整过容，你对她（他）
的态度会有变化吗？为什么？

2. 有的明星不愿意公开自己整容的情况，你怎么看这个问题？你认为明星
对待自己整容应该是什么态度？

叁　课　文

课文一　大学生整容面面观

一　词语及句子学习

1. 重要词语：课前预习下列词语，参照课文了解词语的意思和用法

旺季	高潮	主流	热衷	中肯	面面观
塌	缺陷	直言不讳	碰壁	天性	受益
关注度	起跑线	心病	取笑	捷径	

2. 从给出的词语中选择合适的填入相应的词语搭配或表达结构中，并用填
好的结构说句子

| 深刻 | 成熟 | 合适 | 丰富 |
| 内向 | 中肯 | 上升 | 不佳 |

观点_____　　　时机_____　　　认识_____

性格_____　　　经验_____　　　形象_____

关注度_____　　　心理_____

3. 读例句，并用给出的句式结构说句子

（1）……成为主流

　　参加完高考的准大学生和大三、大四即将走上社会的大学高年级学生成为这支整容大军的主流。

（2）引起……关注

　　学生整容的数量和对整容的热衷程度让人吃惊，引起了社会多方面的关注。

（3）……有助于……

　　其中一些观点非常中肯，也有助于我们了解目前年轻人对整形美容的一些普遍心理和看法。

（4）通过……来……

　　小林决定通过整形来改变自己的形象。

二 课文

1. 在假期或毕业求职旺季去整容的大多是什么人？什么情况引起了社会的关注？（旺季、高潮、主流、热衷）

2. 记者采访了哪些人？希望了解什么？（人群、中肯、有助于、心理）

　　每到假期或毕业求职旺季的时候，珠海各大整形美容机构都会掀起一股学生整形美容的小高潮。刚刚参加完高考的准大学生和大三、大四即将走上社会的大学高年级学生成为这支整容大军的主流。学生整容的数量和对整容的热衷程度让人吃惊，引起了社会多方面的关注。为此，记者采访了学生、家长、专家等不同人群，从不同侧面了解到社会对于学生整容热的看法和建议，其中一些观点非常中肯，也有助于我们了解目前年轻人对整形美容的一些普遍心理和看法。

整形心理面面观：为求职，为交友，为赶时髦

一位不愿透露名字的大三学生小林告诉记者，他鼻子有些塌，鼻孔比较大，随着年龄的增长，他逐渐意识到自己的脸部缺陷可能会影响他毕业找工作。和父母商量后，小林决定通过整形来改变自己的形象。他直言不讳地说，做整形手术就是为了找一个好工作。他曾经有一位同窗就是因为形象不佳，在面试的时候多次碰壁。如果因为外貌问题被用人单位拒绝，不是太可惜了吗？

另外一位一年级新生小文对记者说："现在整形非常普遍，上帝造人出来都是不完美的，而偏偏每个女孩子天性都爱美，如果可以通过整形使自己的容貌变得更漂亮，为什么不试一试呢？漂亮女孩子有很多优势，和同学交流，以后找工作，甚至结婚找对象，都会受益。"她上大学前一直对自己的单眼皮不满意，寒假期间，她做了一个双眼皮手术，开学后，感觉关注度明显上升，自己与人交往的时候也感觉更加自信了。她对自己整形的评价就一个字：值！

家长支持大于担忧：不能让孩子输在起跑线上

记者碰到了一位来为孩子咨询的家长黄女士，她说女儿由于上唇厚而且上翘，看起来很不雅。从小到大，这个嘴唇成了女儿的心病，从小就被同学取笑，为此她的性格变得很内向。看到

3. 小林为什么整容? 他整容的目的是什么? (塌、鼻孔、缺陷、整形、形象、同窗、不佳、碰壁、拒绝)

4. 小文对女孩子整容怎么看? (完美、天性、优势、受益)

5. 小文做了什么整容手术? 效果怎么样? (单眼皮、关注度、上升、自信、值)

6. 黄女士为什么打算带女儿去整容? (上唇、上翘、不雅、心病、取笑、内向、心痛、咨询、时机)

这些，做父母的感到心痛。女儿马上就要进入大学了，父母希望她能带着美丽上大学，所以自己先来咨询一下，等时机合适，就带女儿过来做唇部手术。

谈到现在兴起的学生整容热，黄女士虽然同意女儿整形，但她认为，由于很多小女孩儿的心理还不够成熟，对整形手术认识不够深刻，不能让她们私自做决定，最好在家长的陪同下，选择可靠的整形美容机构和经验丰富的专家。

整形专家：社会对大学生整形应当宽容理解

一家美容医院的院长介绍说，在日本和韩国，人们对自己的外貌不满意，进行整形美容是一件很普通的事情，整个社会对整形美容也非常理解和宽容，整形甚至已成为父母送给孩子考入大学的额外奖励。他们认为，整形手术是一种简便、安全、快速地改善容貌、提升自信的方法，同时也是通往成功的捷径。

(选自"百度快照: 丽泽湖畔"，有删改)

7. 黄女士对学生整容热怎么看？她有什么建议？（心理、成熟、认识、深刻、私自、陪同、可靠）

8. 整形专家对学生整容是什么意见？（理解、宽容、奖励、简便、快速、提升、捷径）

三 课文学习

（一）运用语篇（语段）表达框架学习课文，根据课文内容，用所给的词语和表达格式回答下列问题

1. 在假期或毕业求职旺季去整容的大多是什么人？什么情况引起了社会的关注？

2. 记者采访了哪些人？希望了解什么？

3. 小林为什么整容？他整容的目的是什么？

4. 小文对女孩子整容怎么看？

5. 小文做了什么整容手术？效果怎么样？

6. 黄女士为什么打算带女儿去整容？

7. 黄女士对学生整容热怎么看？她有什么建议？

8. 整形专家对学生整容是什么意见？

语篇结构	珠海整容热的情况		大学生选择整容的心理		家长对孩子整容的看法		专家的意见
语义层次	整容热的情况	整容热引起关注	小林的想法	小文的感受	家长对孩子整容的看法	家长的建议	
连接手段	为此					谈到	
重要句式	每到……的时候；……有助于……		随着……	如果……，为什么……	……为此……		同时也……
重要词语	旺季、高潮、主流、热衷、人群、中肯、有助于、心理		塌、鼻孔、缺陷、整形、形象、同窗、不佳、碰壁、拒绝	完美、天性、优势、受益、单眼皮、关注度、上升、自信、值	上唇、上翘、不雅、心病、取笑、内向、心痛、咨询、时机	心理、成熟、认识、深刻、私自、陪同、可靠	理解、宽容、奖励、简便、快速、提升、捷径

（二）话题讨论

1. 你理解小林想去整容的想法吗？你认为容貌对求职有影响吗？

2. 你赞同小文对整容的看法吗？你认为整容会带来自信吗？

3. 你身边有人因容貌被取笑，受到歧视吗？你怎么看这个问题？

4. 你认为黄女士的女儿应该整容吗？你怎么看黄女士的做法？

5. 你们国家对青少年整容有什么规定？青少年整容的多吗？有些什么情况？

6. 你同意专家的意见吗？为什么？

课文二　女大学生求职该不该整容

一 词语及句子学习

1. 重要词语：课前预习下列词语，参照课文了解词语的意思和用法

弱势群体	歧视	苛刻	提升	离谱
无可厚非	学识	荒废	包装	长久之计

2. 从给出的词语中选择合适的填入相应的词语搭配或表达结构中，并用填好的结构说句子

出于	增强	受	改变
提出	提升	荒废	获得

_____外貌　　　　　_____歧视　　　　　_____形象

_____文凭　　　　　_____学业　　　　　_____要求

_____无奈　　　　　_____自信

3. 读例句，并用给出的句式结构说句子

（1）即使……也……，所以……为了……，在……的同时，也……，甚至……，以……

大部分用人单位不愿意要女生，即使有机会，条件也很苛刻，所以很多女生为了找到工作，在学知识获得文凭的同时，也开始注意外表，甚至选择了整容，以提升自己的形象，获得更多的就业机会。

（2）……尤其是……，除了……以外，……也……

个别单位的招聘条件非常离谱，尤其是对女性，除了考察文化素质以外，对身高、身材、相貌等也提出了较高的要求。

（3）事实上，……虽……，但……，……才是最关键的

事实上，相貌虽不可忽视，但不应该放在这么重要的位置，文化、技术和能力才是最关键的。

（4）……不是……，更不是……

美丽不是找到一份理想工作的重要通行证，更不是唯一的通行证。

（5）如果……，虽……但……，即使……，也……

如果大学生在校期间把时间都花费在美容、整容上，虽整出了好容貌，但荒废了学业，即使用人单位暂时看上你的"外包装"，也不会是长久之计。

二 课文

女生A：

现在大学生就业的压力越来越大，而女生作为弱势群体，在找工作的时候更受歧视。大部分用人单位不愿意要女生，即使有机会，条件也很苛刻，所以很多女生为了找到工作，在学知识获得文凭的同时，也开始注意外表，甚至选择了整容，以提升自己的形象，获得更多的就业机会。不少女大学生去整容也是出于无奈。

某知名企业HR：

现在企业对人才的要求越来越高，但是个别单位的招聘条件非常离谱，尤其是对女性，除了考察文化素质以外，对身高、身材、相貌等也提出了较高的要求。事实上，相貌虽不可忽视，但不应该放在这么重要的位置，文化、技术和能

1. 女大学生热衷于整容的主要原因是什么？（压力、弱势群体、歧视、苛刻、提升、无奈）

2. 企业在招聘时应不应该把外貌放在很重要的位置？为什么？（离谱、考察、忽视、关键、无可厚非、学识、才能）

力才是最关键的。部分对个人形象有要求的岗位适当招聘几位相貌好的女大学生是无可厚非的，但是如果只重相貌，忽视应聘者的学识、才能，很难想象，这样的企业需要的是什么"人才"？这样的企业未来的发展靠什么？

　　求职指导专家：

　　虽然整形能改善人的形象，但期望有美丽的脸蛋儿就能获得好工作，显然是幼稚的。美丽不是找到一份理想工作的重要通行证，更不是唯一的通行证。整形确实能够改变外貌，增强自信，但这只是暂时性的。如果大学生在校期间把时间都花费在美容、整容上，虽整出了好容貌，但荒废了学业，即使用人单位暂时看上你的"外包装"，也不会是长久之计。所以，大学生上学期间应该把精力放在学习上，把专业学好、学精，以能力取胜。

（据《女大学生求职要不要整容》改写，"新浪教育"

〈http://www.sina.com.cn〉2009 年 8 月 20 日）

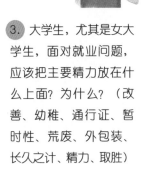

3. 大学生，尤其是女大学生，面对就业问题，应该把主要精力放在什么上面？为什么？（改善、幼稚、通行证、暂时性、荒废、外包装、长久之计、精力、取胜）

三 课文学习

（一）根据课文内容，用所给的词语和表达格式回答下列问题

　　1. 女大学生热衷于整容的主要原因是什么？

　　2. 企业在招聘时应不应该把外貌放在很重要的位置？为什么？

　　3. 大学生，尤其是女大学生，面对就业问题，应该把主要精力放在什么上面？为什么？

（二）我的观点：你怎么看女大学生为求职整容

　　1. 参考课文内容，每位同学思考、整理自己对"女大学生为求职整容"
　　　 的看法。

　　2. 选出一位主持人，召开全班讨论会。

课文三　整容杂谈

一 词语及句子学习

1. 重要词语：课前预习下列词语，参照课文了解词语的意思和用法

讥笑	嘲讽	隐藏	倾向	评价	取悦
世俗	以貌取人	容貌歧视	通病	人格	人权
自暴自弃	极端	魅力			

2. 从给出的词语中选择合适的填入相应的词语搭配或表达结构中，并用填
　 好的结构说句子

现象	伤害	权利	极端	魅力
讥笑	情结	价值	嘲讽	素质
世俗标准		社会评价		

取悦＿＿＿＿　　　　受到＿＿＿＿　　　　存在……的＿＿＿＿

适应＿＿＿＿　　　　受到＿＿＿＿　　　　获得……的＿＿＿＿

走向＿＿＿＿　　　　存在＿＿＿＿　　　　对……造成＿＿＿＿

实现＿＿＿＿　　　　增强＿＿＿＿和＿＿＿＿

3. 读例句，并用给出的句式结构说句子

（1）……是……的……倍，……高出……

　　"好看的人"在招聘中被录用的机会是"普通人"的2至5倍，"好看的人"平均工资高出"普通人"12%到16%，"丑人"被解雇的可能性是"普通人"的2至6倍。

（2）……仅仅是……其实……不是……而是……

　　孩子为什么这么想整容呢？仅仅是为了改变丑吗？其实，给孩子最大压力的不是丑本身，而是因为丑而受到的讥笑和嘲讽。

（3）由此可以……，……的背后……

　　由此可以看出，整容风的背后隐藏着这样的信息……

（4）与其……不如……

　　与其只追求改变外貌，不如从内在入手，增强个人的素质和魅力。

二 课文

①在古代和现代社会，美貌会带来哪些好处？（商业价值、社会价值、悦目、情结、录用、解雇）

> 整容医生：
>
> 　　美貌会带来很多好处。亚里士多德两千多年前就说过："美貌是最好的介绍信。"在现代竞争激烈的商业社会里，美貌的商业价值、社会价值更高了。美国作家斯蒂文·杰菲斯在《外貌至上》这本书里用翔实的资料证明了社会上普遍存在"悦目情结"，并且得出以下结论："好看的人"在招聘中被录用的机会是"普通人"的2至5倍，"好看的人"平均工资高出"普通人"12%到16%，"丑人"被解雇的可能性是"普通人"的2至6倍。

教育工作者：

　　成都市某中学初中二年级的一个 14 岁女孩儿，学习成绩优秀，但因为丑被评为学校四大丑女。因为巨大的心理压力，她偷了家里 4000 元去整容。孩子为什么这么想整容呢？仅仅是为了改变丑吗？其实，给孩子最大压力的不是丑本身，而是因为丑而受到的讥笑和嘲讽。由此可以看出，整容风的背后隐藏着这样的信息：面对激烈的生存竞争，随着身体作为竞争资本的倾向的加深，人们对自身生理劣势的怀疑也越来越重，越发地不自信，从而试图改变自己以适应社会评价，取悦世俗标准。

社会工作者：

　　作为被动来到这个世界的人，美与丑不是我们自己所能决定的。现在社会上存在以貌取人和容貌歧视的现象。以貌取人是人性的通病，容貌歧视是人格、人权歧视，是人性的弱点。容貌歧视会对相貌不好的人造成伤害，使他们不能获得正常的生存权利，没有发展的机会，无法实现人生价值，甚至可能自暴自弃，仇恨社会，走向极端。

专栏作家：

　　虽然大部分人面对丑陋，首先想到的是改变，但也有不想改变这一生理事实的女性。她们认为，整容是对自身的否定，是对尊严的伤

2. 成都市一个 14 岁的女孩子去整容的原因是什么？整容风的背后隐藏着什么样的信息？（讥笑、嘲讽、背后、隐藏、生存竞争、资本、倾向、加深、劣势、怀疑、评价、取悦、世俗）

3. 什么是以貌取人和容貌歧视？这两种情况会带来什么样的问题？（以貌取人、容貌歧视、通病、人格、人权、歧视、伤害、生存权利、人生价值、自暴自弃、仇恨、极端）

4. 一些对整容持否定态度的女性是怎么想的？（丑陋、否定、尊严、无可指责、取悦、悲哀、内在、入手、魅力）

害。女人们的爱美之心很寻常，无可指责，可是，为了取悦别人而精心地整容，甚至反复多次整容，只会让人感到悲哀。与其只追求改变外貌，不如从内在入手，增强个人的素质和魅力。

（部分据《不能因"悦目情结"搞"容貌歧视"》改写，《济南时报》2003 年 8 月 3 日）

三 课文学习

（一）根据课文内容，用所给的词语和表达格式回答下列问题

1. 在古代和现代社会，美貌会带来哪些好处？

2. 成都市一个 14 岁的女孩子去整容的原因是什么？整容风的背后隐藏着什么样的信息？

3. 什么是以貌取人和容貌歧视？这两种情况会带来什么样的问题？

4. 一些对整容持否定态度的女性是怎么想的？

（二）话题讨论

1. 你认为社会上确实存在"悦目情结"吗？请举例说说。你对此怎么看？

2. 你认为容貌是竞争的资本吗？整容热的出现与社会评价有关吗？你赞成改变自己去适应世俗标准吗？

3. 社会上是否存在"以貌取人"和"容貌歧视"？你认为这两种情况能改变吗？为什么？

4. 有人认为，整容是对自身的否定，是对尊严的伤害，你同意这种说法吗？为什么？

（三）我的观点

1. 每位学生课前准备好提纲，准备 3 至 5 分钟的演讲。

2. 主题：我看整容。

3. 具体题目可自拟。

语言实践活动

一 调查

1. 3 至 5 人一组，设计调查问卷，每人采访 10 个人，要求年龄、性别、学历、职业不同，可设置区分不同人群，如男性、女性，青年人、中年人、老年人，学生、成人等。

2. 了解被调查者对整容的看法，之后每组汇总调查情况，对数据和意见作出分析，写出调查报告，在班里向大家介绍。

二 辩论

（一）辩题

正方：整容利大于弊

反方：整容弊大于利

（二）准备

9 人一组（8 位辩手，一位主持人），每组中 4 人为正方，4 人为反方。每方辩手分为：一辩、二辩、三辩、四辩。一组辩论时，其余学生为评委。正反方先讨论完成下表，分配一辩至四辩，确定发言内容。

辩手	整容利大于弊	整容弊大于利
一辩		
二辩		
三辩		
四辩		

（三）辩论步骤

1. 按照辩论程序开始辩论。

（1）一辩开篇陈词，阐述己方立场。（各 1 分钟）

（2）二辩、三辩反驳对方立论，补充己方的观点并针对对方的观点和本方的立场设计若干问题，请对方回答。（各 1 分钟）

（3）进行自由辩论。（共 6 分钟）

（4）四辩总结陈词。（各 30 秒）

2. 全班同学评选出"最佳辩论队""最佳辩论员"及"最佳主持人"。

3. 集体点评。

第六单元
教育

教育

壹 话题热身

两人一组，简要回答下列问题。

1. 你认为东西方的教育理念一样吗？请各用一个词分别概括东西方教育理念。

2. 你的父母督促你学习吗？

3. 你父母干预你的生活吗？如果有人过多地干预你的生活，你会反抗还是退让？

4. 在很多事上你的家人常常为你做主吗？你抱怨过吗？

5. 你是一个做什么事都坚持不懈，不成功决不罢休的人吗？遇到困难你会坚持还是退缩？

6. 有人说"孩子的天性就是爱玩儿，抵制学习、练琴等枯燥的事"，你同意这种说法吗？

贰 话题背景

一 重要词语：课前预习下列词语，参照课文了解词语的意思和用法

任教	终身教授	经商	天赋	自传体
报道	涉及	圈养	放养	
（引起）关注		（引发）热议／讨论		

二 阅读下面的短文，根据语篇（语段）表达框架中的提示介绍虎妈的情况

1. 说说蔡美儿受教育的情况以及她的工作经历。（毕业、任教、终身教授）

蔡美儿（Amy Lynn Chua）1962年（虎年）出生于美国；1984年从哈佛大学毕业，是最优荣誉毕业生；1987年从哈佛法学院毕业，是荣誉毕业生。她在校时曾经担任《哈佛法律评论》的主编，毕业后先在华尔街工作，之后曾在杜克大学、哥伦比亚大学、纽约大学及斯坦福大学任教，现在是耶鲁大学法学院终身教授。

2. 说说蔡美儿的原生家庭的情况。（经商、富裕、求学）

蔡美儿的祖辈是中国福建人，二十世纪二三十年代到菲律宾经商，获得成功。蔡美儿家境富裕，父亲蔡少棠（Leon M. Chua）青年时代到美国求学，毕业于麻省理工学院，目前是加州大学伯克利分校电机系教授。

3. 说说蔡美儿现在的家庭情况。她的孩子取得了什么成绩？（天赋、奖项、神童）

蔡美儿与她的丈夫（耶鲁大学法学院教授Jed Rubenfeld）有两个女儿。大女儿索菲娅（中文名蔡思慧）今年18岁，学习钢琴，很有成就。小

女儿路易莎（中文名蔡思珊）14 岁，从小学习小提琴，后来兴趣转向网球，在网球方面有一定的天赋。两个女儿都曾经参加多项音乐比赛并且获得了奖项，得到了众多名师的指导，被人们称为"音乐神童"。

蔡美儿写了一本自传体性质的书（*Battle Hymn of the Tiger Mother*），这本书的中文版译名是《我在美国做妈妈：耶鲁法学院教授的育儿经》，又名《虎妈战歌》，介绍她自己的育儿经验，《华尔街日报》、《华盛顿邮报》、CCTV、新华网等中外媒体都报道过这本书。书中的教育观点涉及"圈养"和"放养"孩子的讨论，其中有关严格要求女儿学习音乐的内容引起了人们的关注，也引发了中西方关于教育的热议。

（选自"百度百科""百度知道""中文百科在线"，有删改）

4. 蔡美儿写了一本什么书? 引起了什么样的反响? （自传体、育儿、圈养、放养、关注、热议)

1. 说说蔡美儿受教育的情况以及她的工作经历。

2. 说说蔡美儿的原生家庭的情况。

3. 说说蔡美儿现在的家庭情况。她的孩子取得了什么成绩?

4. 蔡美儿写了一本什么书? 引起了什么样的反响?

语篇结构	蔡美儿的受教育情况及工作经历		蔡美儿的原生家庭情况	蔡美儿现在的家庭情况及孩子的成绩		蔡美儿的书及其反响	
语义层次	蔡美儿的受教育情况	蔡美儿的工作经历		蔡美儿现在的家庭情况	孩子的成绩	蔡美儿的书	书出版后的反响
连接手段	1962年……；1984年……；毕业后……；之后曾在……；现在……			后来……			
重要句式	从……毕业		毕业于……	被称为……		……涉及……；引起……的关注；引发……热议	
重要词语	毕业、任教、终身教授		经商、富裕、求学	天赋、奖项、神童		自传体、育儿、圈养、放养、关注、热议	

三 课堂讨论

以下是蔡美儿为两个女儿制定的十大家规，请说说你对这十大家规的看法。

蔡美儿的十大家规

◆ 不准在外面过夜

◆ 不准参加玩伴聚会

◆ 不准在学校里卖弄琴艺

◆ 不准抱怨不能在学校里演奏

◆ 不准经常看电视或玩儿电脑游戏

◆ 不准选择自己喜欢的课外活动

◆ 不准任何一门功课的学习成绩低于"A"

◆ 不准在体育和文艺方面拔尖儿而其他科目平平

◆ 不准演奏其他乐器而不是钢琴或小提琴

◆ 不准在某一天没有练习钢琴或小提琴

 课　文

课文　"虎妈"蔡美儿：我相信女儿最终会理解我

■ 词语及句子学习

1. 重要词语：课前预习下列词语，参照课文了解词语的意思和用法

素质教育	困惑	强过	指责	残酷
（没有）人性	糟粕	忍无可忍	威胁	软硬兼施
贿赂	利诱	乐意	令人恐怖	富不过三代
走下坡路	省吃俭用	排斥	放手	

2. 从给出的词语中选择合适的填入相应的词语搭配或表达结构中，并用填好的结构说句子

在意	制定	付出	引发	采用
培养	占	投资	强化	掌握
面对	发生	按照		

_____家规　　_____讨论　　_____……手段

_____辛苦　　_____意志力　　_____……方式

_____冲突　　_____选择权　　_____在教育上

_____优势　　_____冲突　　_____创造力 / 毅力

_____他的自尊和心理感受

3. 画线连接正确的搭配，之后根据正确的搭配说简单的句子

高压的　　　　　　　　中国菜

明智的　　　　　　　　生活

舒适的　　　　　　　　投入

宽松的　　　　　　　　手段

有效的　　　　　　　　选择

有创意的　　　　　　　教育方式

巨大的

严格的

成熟的

4. 读例句，并用给出的句式结构说句子

（1）在……方面

　　在教育子女方面，中国母亲的严格教育方式似乎更有效。

（2）（在）……背后

　　蔡美儿为何要采取这种教育方式？在严厉的管教背后，她如何保护和培养孩子的创造力？

（3）看上去……其实……

　　一些词语，看上去有些严厉，其实我是想幽默地表达这个育儿的过程。

（4）视（看）……情况而定

　　A：面对孩子的反抗，你会退让吗？

　　B：要视情况而定。

课文

（一）关注"虎妈"

2012年新年，亚裔"虎妈"——美国耶鲁大学教授蔡美儿制定十条家规，采用高压手段管教女儿的故事引发了关于中美教育理念的大讨论。美国一些媒体认为，在教育子女方面，中国母亲的严格教育方式似乎更有效，而正在向西方学习素质教育的中国母亲们则有些困惑：宽松的家庭氛围，不是更能培养孩子的创造力吗？

蔡美儿为何要采取这种教育方式？在严厉的管教背后，她如何保护和培养孩子的创造力？

近日，本报采访了亚裔"虎妈"——美国耶鲁大学教授蔡美儿。

（二）"一些词语，看上去有些严厉，其实我是想幽默地表达这个育儿的过程。"

京华时报："虎妈"这个称呼是谁给你的？为什么这么叫你？

蔡美儿：我对女儿要求严格，她们有时受不了，背着我叫我"母老虎""伏地魔"。我先生杰德认为我的要求太高太强硬，让家里太紧张，不自由。他们不满的时候或者开玩笑的时候，就喊我"虎妈"或"伏地魔"。

1. 记者为什么要做这次采访？（家规、高压、管教、理念、有效、困惑、宽松、创造力、在……背后）

2. 蔡美儿为什么被叫作"虎妈"？（受不了、母老虎、伏地魔、强硬、自由）

3. 蔡美儿怎么看这个称呼和媒体的报道？（引发、强过、严厉、指责、残酷、人性、初衷、误读、教育观、华裔、幽默）

京华时报：你怎么看这个称号？

蔡美儿：我喜欢这称号。

京华时报：我在网上看到，你的育儿经验最近引发了中美教育方式的讨论，有一些人因此认为中国妈妈的教育方式强过了美国妈妈。

蔡美儿：月初，一家报纸报道了我严厉教育女儿的事，我的邮箱收到了300多封信，不少人指责我的教育方式残酷，没有人性。1月8日，美国一家报纸发表了一篇题目为"为什么中国妈妈比美国妈妈更优秀"的文章，再后来，《时代》杂志又发表文章分析说美国父母是不是该思考自己是个"失败者"。

其实，这不是我的初衷，媒体的有些报道让大家误读了我的教育观。最近我一直在说明：我是一位华裔妈妈，用我所受的中国式教育管教了两个孩子，并记录了这个育儿经历，仅此而已。我的书中使用的一些词语，看上去有些严厉，其实我是想幽默地表达这个育儿的过程。

（三）"你是否有更好的教育方法？没有，请配合我。"

京华时报：你怎么严厉教育你的女儿？

4. 蔡美儿的教育方式是怎样的？请举例说明。（速算、计时、加分题、平庸、区别、放弃）

蔡美儿：我给两个女儿制定了10条家规。在学习上，我不准她们任何一门成绩低于"A"。

我的大女儿索菲娅五年级的时候，有一次乘法速算测试得了第二。接下来我每天晚上让她做20张试卷，每张100道速算题，我在一边用秒表计时。一周强化训练后，索菲娅次次稳拿第一。小女儿露露有一次没做考试加分题，我告诉她家教良好的孩子都应该做加分题，正是这些实实在在的分数把优秀和平庸区别开来。从此，露露再也没放弃过加分题。

京华时报：有人反对你的这种教育方式吗？

蔡美儿：在美国社会，按照中国人的方式教孩子，会面对各种各样的冲突，这是一场战斗。

京华时报：你丈夫同意你这么做吗？

蔡美儿：我在家里并不占优势。我丈夫杰德要求我不要太严，我和他签协议让他不要干预我对孩子进行中国式教育。我问他："你是否有更好的教育方法？没有，请配合我。"

京华时报：这种教育的效果怎样？

蔡美儿：两个女儿保持着门门功课都是"A"的全优纪录。索菲娅18个月就认字母表，3岁阅读《小妇人》，开始弹钢琴，14岁就在卡内基音乐大厅表演弹钢琴。露露练小提琴，12岁成为耶鲁青年管弦乐团的首席小提琴手。有人称她们是"音乐神童"。成年后，露露改打网球，裁判评价她是不付出110%的努力决不罢休的小姑娘。

5. 蔡美儿身边的人是赞成还是反对她的教育方式？（面对、冲突、战斗、占、优势、协议、干预、配合）

6. "虎妈"教育的效果怎样？（全优、首席、小提琴手、神童、评价、付出、决不罢休）

（四）"她已经长大了，我应该把一些选择权还给她，让她做自己真正喜欢的事。"

京华时报：有人对你不让女儿参加同伴聚会不理解，不应该鼓励孩子参加社会活动吗？

7. 蔡美儿为什么不同意女儿参加同伴聚会？（耽误、焦躁、性、后悔、接触、糟粕、改错）

蔡美儿：不参加玩伴聚会，是因为时间很宝贵，会耽误练琴时间。有一次，索菲娅一直请求参加她最好朋友的生日聚会，我心一软就答应了。可第二天早上她到家，很累，焦躁，也无心练琴了。一问才知道，她一整晚都在听一位同学谈论性。我后悔让孩子接触这类糟粕聚会，我认为，没必要让孩子犯了错误再去改错。

京华时报：孩子们不听怎么办？

8. 孩子不听话，蔡美儿会怎么做？（天性、抵制、枯燥、冲突、忍无可忍、反抗、威胁、软硬兼施、贿赂、利诱、乐意）

蔡美儿：小孩子的天性就是喜欢玩儿，她们抵制学习、练琴这类枯燥的事。

我和露露发生第一次冲突的时候她才 3 岁。我要求她练琴，结果她又打又踢，又哭又闹，我忍无可忍，把她拖到门外。也许是为了表示反抗，索菲娅还偷着把钢琴咬得到处是牙印。她们不好好练琴，我会威胁她们不准吃饭，要烧掉所有的毛绒玩具，骂她们"垃圾"。我软硬兼施，用尽了骂、威胁、贿赂、利诱等一切办法，让她们做一些现在不乐意，但将来有好处的事情。

京华时报：你会退让吗？

蔡美儿：要视情况而定。有一次我们到俄罗

斯旅行。在一家咖啡馆儿，我让露露尝一粒鱼子酱，她不同意。我一直坚持，她发疯似地说我令人恐怖，要她做的这一切实际上是为我自己！她讨厌小提琴，恨这个家，并抓起玻璃杯砸碎，发誓说如果我不放过她，她就要砸掉所有的杯子！在这种情况下，我放弃了我的要求。

我最终想清楚，她已经长大了，我应该把一些选择权还给她，让她做自己真正喜欢的事。这样的事情后来还有很多，比如说，我同意露露辞去首席小提琴手的职务，改打自己喜欢的网球。

（五）"我想打破亚裔'富不过三代'的魔咒。"

京华时报：什么原因让你对女儿这样严格？

蔡美儿：我想有两点。一是我从小接受中国式教育。我认为，这种严厉的教育可以培养孩子坚持不懈的品质。二是我害怕两个女儿走下坡路。

在美国，亚裔移民有"富不过三代"的魔咒：第一代移民终于实现了"美国梦"，会省吃俭用，把挣到的每一分钱和巨大的精力投资在孩子的教育上；第二代移民因为父母的巨大投入而相对优秀，但他们教育孩子也因此不太严厉了；第三代移民的生活很舒适，有一群成绩 B+ 的朋友，认为个人权利受宪法保护，不愿意付出辛苦，就会走下坡路。

我父母是中国人，他们先是移民菲律宾，上

9. 在孩子长大之后，蔡美儿的教育方法有变通吗？她是怎么想的？（鱼子酱、令人恐怖、砸碎、发誓、放过、选择权、辞去）

10. 是什么原因使蔡美儿对女儿采用这样严厉的教育方式？（坚持不懈、走下坡路、富不过三代、魔咒、移民、省吃俭用、投资、投入、权利、打破）

世纪 60 年代又举家移民美国。我是移民二代，我的孩子是第三代，我想打破亚裔"富不过三代"的魔咒。

京华时报：你小时候父母如何教育你？

蔡美儿：我父母对我非常严格。八年级时我历史考了第二名，父亲对我说"千万不要再让我像这样丢脸了"。在家里说中国话，如果不小心说了一个英语单词，就要被狠狠地打手。

我当时也经常抱怨，我的事为什么他们老做主？在我申请大学时第一次有了改变。父母坚持让我读加州大学伯克利分校，说离家近，可以住家里。我想摆脱"虎笼"，就瞒着父亲，伪造了他的签字，悄悄申请了哈佛大学并被录取了。父亲知道后整整一个晚上没有睡好，一边因我违抗父命生气，一边又为我考取哈佛而骄傲。

京华时报：现在回头看，有没有不喜欢的地方？

蔡美儿：回头看，我很理解也很感激父母。我相信，我的孩子最终也会理解我。

（六）"西式教育过于强调'创意'，排斥纪律、刻苦钻研等培养毅力的东西，中国教育却过于强调后者，忽视前者。"

京华时报：大家担心，过分严厉的教育会夺

11. 蔡美儿的父母对蔡美儿也是采用非常严厉的教育方式吗？对此蔡美儿怎么看？（抱怨、做主、摆脱、瞒着、伪造、违抗）

12. 蔡美儿认为过分严厉的教育会使孩子失去快乐吗？（创意、排斥、夺走）

走孩子的快乐童年。你怎么看这个观点?

蔡美儿:我们有快乐的时光。练完琴后,我们有很多讨论的话题,会趴在床上读书,朗读文学作品,会一起做有创意的中国菜。我丈夫会教孩子们玩儿扑克、游泳,带领一家人骑车旅行。我们一家到过伦敦、巴黎、罗马等几十个城市。

京华时报:你觉得,中西方妈妈教育孩子的方式有什么不同?

蔡美儿:我注意到,西方父母在意孩子的自尊和心理感受,对孩子的学习没有过多要求。中国妈妈看重孩子考了多少分,排在第几名,会为孩子报很多课外班,督促他超过其他孩子。西式教育让孩子自由,有创造力和想象力,但也直接造成孩子关注吃喝玩乐、看影碟电视、不勤奋上进、遇到困难退缩等种种问题。中式教育方式能通过大量的训练强化孩子的意志力,培养孩子良好的学习习惯。

京华时报:你的观点是什么?

蔡美儿:我认为,我这种有些严厉的教育,实质上是掌握孩子人生的最初"选择权"。孩子年幼时,不了解社会,也不可能会有明智、成熟的选择,需要家长为他们做出正确的"选择",并且督促孩子去实现这个"选择",家长要负起

13. 蔡美儿认为东西方教育有什么不同?各有什么利弊?(在意、自尊、看重、督促、上进、退缩、强化、意志力)

14. 蔡美儿认为严厉的教育的实质是什么?(实质、掌握、选择权、明智、成熟、放手)

这个责任。随着孩子逐渐成熟，有了自己做出选择的能力，家长就应该放手给孩子。

京华时报：你认为，你的哪些观点可供中国妈妈借鉴？

蔡美儿：我很高兴，中国妈妈们已经注意到素质教育，并且寻找方法培养孩子们更多的创造力。对孩子来说，创造力确实很宝贵，但是没有严厉的教育培养出来的基本学术能力和坚持不懈的性格作为基础，也不会有脱颖而出的创造力。

我个人认为，西式教育过于强调"创意"，排斥纪律、刻苦钻研等培养毅力的东西，中国教育却过于强调后者，忽视前者。现实中，双方都把这个关系摆成了"要么"的关系，其实，这是一个"既/和"的关系，两种教育方式应达到一个理想的平衡状态，孩子才会长成我们期待的那样。

（选自人民网、《京华时报》2011年1月31日，原题《虎妈蔡美儿：我相信女儿最终会理解我》，作者：张淑玲，有删改）

15. 蔡美儿给中国妈妈的建议是什么？她认为东西方教育应该是什么关系？（素质教育、学术、坚持不懈、脱颖而出、排斥、毅力、平衡）

三 课文学习

（一）运用语篇（语段）表达框架学习课文，根据课文内容，用所给的词语和表达格式回答下列问题，介绍"虎妈"的育儿情况和教育理念

1. "虎妈"蔡美儿为什么引起了关于中美教育理念的大讨论？

2. 蔡美儿的教育方式是怎样的？请举例说明。人们怎么看待她的教育方式？

3.“虎妈”教育的效果怎样？在孩子长大之后，蔡美儿的教育方法有变通吗？

4.请说说蔡美儿采用严厉的教育方式的原因和目的。

5.蔡美儿对东西方教育有什么看法？她给中国妈妈提出了什么建议？

语篇结构	语义层次	连接手段	重要词语
“虎妈”访谈背景			家规、高压、管教、理念、有效、困惑、宽松、创造力、在……背后
“虎妈”育儿经验引起关注	“虎妈”称呼的由来	月初……1月8日……再后来……	受不了、母老虎、伏地魔、强硬、自由、引发、强过、严厉、指责、残酷、人性、初衷、误读、教育观、华裔、幽默
	引起关注		
“虎妈”的教育方式	严厉教育	五年级的时候，有一次……接下来……一周……后……	速算、计时、加分题、平庸、区别、放弃、面对、冲突、战斗、占、优势、协议、干预、配合、全优、首席、小提琴手、神童、评价、付出、决不罢休
	教育效果		
“虎妈”教育的效果以及在孩子长大后的变通	与孩子的冲突	……是因为……；……的时候……	耽误、焦躁、性、后悔、接触、糟粕、改错、天性、抵制、枯燥、冲突、忍无可忍、反抗、威胁、软硬兼施、贿赂、利诱、乐意、鱼子酱、令人恐怖、砸碎、发誓、放过、选择权、辞去
	孩子长大后的变通		
“虎妈”采用严厉教育方式的原因和目的		一是……二是……	坚持不懈、走下坡路、富不过三代、魔咒、移民、省吃俭用、投资、投入、权利、打破、抱怨、做主、摆脱、瞒着、伪造、违抗
“虎妈”对东西方教育的看法			创意、排斥、夺走、在意、自尊、看重、督促、上进、退缩、强化、意志力、实质、掌握、选择权、明智、成熟、放手、素质教育、学术、坚持不懈、脱颖而出、排斥、毅力、平衡

（二）模拟访谈

两人一组，模拟蔡美儿和记者进行访谈

（说明：全文共六个部分，每个部分可安排两三组模拟访谈，之后抽取 6 组在全班进行全过程的模拟访谈表演。）

（三）话题讨论

3 至 5 人一组，就课文内容进行讨论，发表自己的看法，之后每组概括介绍讨论结果。

1. "虎妈"的教育方式是残酷、没有人性的吗？说说你的看法。

2. 你认为"虎妈"的两个女儿取得的成绩与她的教育方式有关吗？为什么？

3. 在孩子长大之后，蔡美儿的教育方法也有一些变通，你是怎么看这个问题的？

4. 你理解蔡美儿的教育目的吗？你认为蔡美儿达到了她的目的吗？

5. 你认为"虎妈"采取的教育方式与她自己的家庭背景和父母对她的教育方式有关吗？为什么？

6. 你同意蔡美儿对东西方教育方式的看法吗？为什么？

（四）我的观点：怎么看"虎妈"的教育方式？

选出一位主持人，召开全班讨论会，结合课文和补充材料的内容说说你对"虎妈"的教育方式的看法。

1. 你赞成还是反对"虎妈"的教育方式？为什么？

2. 你的妈妈是否是"虎妈"？你现在希望她是还是不是？为什么？

3. 从小你父母对你的期望值高吗？他们的期望是什么？你对此怎么看？

4. 你认为宽松和严格的教育方式哪一种好？哪一种适合你？

5. 你认为什么样的母亲是一位好母亲？

补充材料

"虎妈"的教育方式普遍吗？上周，《中国青年报》社会调查中心对1795人进行的一项调查显示，94.9%的人感觉身边就有像"虎妈"这样严格教育孩子的母亲，其中20.4%的人表示有"很多"。调查也显示，有55.1%的人赞同"虎妈"的教育方式，41.2%的人认为"虎妈"的高压教育有弊端，18.0%的人认为"虎妈"不称职，因为孩子失去了很多童年乐趣，同时也有23.5%的人认为"虎妈"是位好母亲，因为孩子很成功。

谈到是否会学习"虎妈"的教育方式，72.8%的人表示会从"虎妈"的教育方法中借鉴一些经验，19.3%的人明确表示不会采用"虎妈"的教育方法，4.6%的人会完全采用"虎妈"的教育方法。

赞成的意见：

刘先生认为，家长总是望子成龙，但大部分孩子并不会在年幼时就主动追求成功，因此母亲严格地引导教育非常重要。

一位好母亲应该能客观地认识孩子并且因材施教，使勤奋、上进、吃苦耐劳等优秀品质内化为孩子的自觉意识，而不是逼孩子成才。

反对的意见：

任女士认为，孩子能上哈佛、耶鲁就是成功吗？如今我们的社会对成功的评判标准太单一。"虎妈"要求女儿门门都拿A，为了让女儿弹好一首曲子，甚至不让她吃饭、喝水。这些做法违背了教育的原则和孩子成长的规律。

每个孩子都是独立的个体，过于苛刻的教育方式容易造成孩子内心的冷漠，导致孩子成人后在人际交往、建立家庭等方面有情感障碍，影响他们对生活的良好感受。

中立的观点：

北京师范大学教育学部马健生教授认为，母亲对孩子抱有一定的高期望值有利于孩子的成长。但对孩子的期待具体是什么，又如何引导和帮助孩子实现，就考验母亲的教育智慧了。一种情况是不少母亲认为自己的孩子是最优秀的，提出的期望远远超过了孩子的实际能力，给孩子造成了过大的压力；另一种情况是有的母亲只希望孩子快乐，对孩子的教育过分放松，而因为孩子的自我约束能力弱，容易受外界干扰，过于宽松的教育方式也不一定有利于孩子的发展。宽和严的教育方式都有成功和失败的例子，我们需要根据孩子本身的情况来作出选择，怎么把握就是母亲的教育智慧了。

(选自《中国青年报》2011年4月14日，原题《调查：身边"虎妈"普遍存在　半数赞同其教育方式》，
作者：王聪聪、张锐珏，有删改)

肆 语言实践活动

一 访谈面对面：我的家庭教育

（一）访谈形式

此访谈分课内和课外两种形式：

课内访谈：

1. 两人一组，一位采访者，一位被访者，进行面对面访谈。

2. 多人一组，一位主持人，多位被访者（嘉宾），就"家庭教育"的话题召开访谈会。

课外访谈：

1. 3人一组，每人访谈5位被访者，汇总所有被访者的情况，写出调查访谈报告，在班里汇报。

2. 一人访谈一位被访者，深入了解被访者的家庭教育情况及对家庭教育的看法，完成访谈报告（内容要包含访谈后采访者对被访者的家庭教育情况的评述），在班里汇报。

（二）参考访谈内容

1. 被访者的个人简历。

2. 被访者的家庭情况。

3. 被访者父母的教育思想和教育方式（请举具体的事例说明）。

4. 被访者对父母的教育的看法。

5. 被访者对子女会选择的教育方式。

（三）表达要求

1. 尽可能选择使用课文中所学的词语、句式及语段表达框架。

2. 采访者注意提问的方式，各方注意谈话中语句的衔接。

3. 访谈报告表达时长要求5分钟以上。

一　辩论

（一）辩题

1. 正方："虎妈式"教育下的孩子是幸运的

反方："虎妈式"教育下的孩子是不幸的

2. 正方："虎妈教育"利大于弊

反方："虎妈教育"弊大于利

（二）准备

9人一组（8位辩手，一位主持人），每组中4人为正方，4人为反方。每方辩手分为：一辩、二辩、三辩、四辩。一组辩论时其余学生为评委。正反方先讨论完成下表，分配一辩至四辩，确定发言内容。

辩题1：

辩手	"虎妈式"教育下的孩子是幸运的	"虎妈式"教育下的孩子是不幸的
一辩		
二辩		
三辩		
四辩		

辩题2：

辩手	"虎妈教育"利大于弊	"虎妈教育"弊大于利
一辩		
二辩		
三辩		
四辩		

（三）辩论步骤

  1. 按照辩论程序开始辩论。

（1）一辩开篇陈词，阐述己方立场。（各1分钟）

（2）二辩、三辩反驳对方立论，补充己方的观点并针对对方的观点和本方的立场设计若干问题，请对方回答。（各1分钟）

（3）进行自由辩论。（共6分钟）

（4）四辩总结陈词。（各30秒）

  2. 全班同学评选出"最佳辩论队""最佳辩论员"及"最佳主持人"。

  3. 集体点评。

第七单元 爱情

爱情

壹 话题热身

两人一组，简要回答下列问题。

1. 你认为什么是真正的爱情？你认为爱情能长久吗？

2. 你对现在社会上的"闪恋闪婚"现象怎么看？你会选择"闪恋闪婚"吗？

3. 你对"婚前协议"持什么态度？你会签"婚前协议"吗？

4. 你支持还是反对做"婚前财产公证"？如果对方要求做这样的公证，你会怎么做？

5. 你会选择"裸婚"吗？为什么？你的父母会是什么态度？

贰 话题背景

一 重要词语：课前预习下列词语，参照课文了解词语的意思和用法

激增	攀升	冲动型	草率型	琐事	索取
奉献	给予	分割	顾虑	解体	

二 阅读下面的短文，根据语篇（语段）表达框架中的提示回答问题，介绍"闪婚闪离"现象

1. 用数据说说中国年轻一代"闪婚闪离"激增的现象。（激增、统计、维持、比例）

2. 中国年轻一代离婚人数急速攀升的原因是什么？（攀升、婚恋期、冲动型、草率型、淡薄、平淡、琐事）

中国年轻一代"闪婚闪离"现象锐增引媒体热评

近日，一篇有关中国年轻一代"闪婚闪离"现象激增的新闻报道引起了中国各大媒体的热评。

据北京婚姻登记部门统计，去年北京有 2.5 万多对夫妻办理离婚登记，其中有 1/5 的婚姻关系维持不到 3 年，1/3 在结婚 5 年内离婚，结婚不到 1 年就离婚的有 1200 多对，更有近百对离婚的夫妻结婚还不到 1 个月。这些离婚夫妻中，"80 后"独生子女占了相当大的比例。

分析导致中国年轻一代离婚人数急速攀升的原因，《中国青年报》《新京报》等报纸的文章认为，随着"80 后"独生子女大量进入婚恋期，冲动型、草率型的离婚现象越来越普遍。他们多以自我为中心，社会责任感和家庭责任感淡薄。同时，随着时代的发展，这一代人对婚姻

感情质量的要求越来越高，他们不满意婚后平淡的生活，一些生活琐事就会引发"婚姻死亡"。

上海大学社会学教授顾骏认为，有些男女双方从最初恋爱到最后结婚，整个过程中有一种"游戏心态"，以此追求享乐与刺激。双方都过于注重索取和获得，忽视奉献和给予，彼此都缺乏一种责任感。这样的感情和婚姻当然不会长久。

全国政协委员尚绍华认为，年轻人离婚大多没有太复杂的财产分割以及子女抚养问题，这使得他们离婚时的顾虑少了很多。此外，"简化的离婚程序"也是"80后""闪婚闪离"的重要原因，他呼吁尽快修改《婚姻登记管理条例》，避免离婚手续过于简单，挽救许多不应解体的婚姻。

(选自"搜狐新闻"2010年3月12日，原题《中国年轻一代"闪婚闪离"现象锐增引媒体热评》，有删改)

3. 根据上海大学社会学教授顾骏的分析，"闪婚闪离"中男女双方是什么心态？（享乐、刺激、索取、奉献、给予、责任感）

4. 全国政协委员尚绍华对此有什么建议？（分割、顾虑、简化、避免、挽救、解体）

1. 用数据说说中国年轻一代"闪婚闪离"激增的现象。

2. 中国年轻一代离婚人数急速攀升的原因是什么？

3. 根据上海大学社会学教授顾骏的分析，"闪婚闪离"中男女双方是什么心态？

4. 全国政协委员尚绍华对此有什么建议？

语篇结构	年轻一代"闪婚闪离"现象激增	年轻一代离婚增多的原因	"闪婚闪离"中男女双方心态分析	政协委员的建议
连接手段		同时		此外
重要句式	引起……热评；据……统计；占……的比例	随着……，……越来越……		……是……的重要原因
重要词语	激增、统计、维持、比例	攀升、婚恋期、冲动型、草率型、淡薄、平淡、琐事	享乐、刺激、索取、奉献、给予、责任感	分割、顾虑、简化、避免、挽救、解体

三 课堂讨论

1. 你认为"闪婚闪离"还有哪些原因？

2. 顾骏教授和尚绍华委员的看法有道理吗？为什么？

3. 你怎么看"闪婚闪离"现象？你会选择"闪婚闪离"吗？

课文一　爱情天梯

一 词语及句子学习

1. **重要词语**：课前预习下列词语，参照课文了解词语的意思和用法

罕无人迹	刀耕火种	自给自足	流言	私奔
自力更生	悬崖峭壁	旷世绝恋	克夫	闲言碎语
与世隔绝	荆棘丛生	崎岖	铁钎	榔头
绝壁	青苔	执着		

2. 从给出的词语中选择合适的填入相应的词语搭配或表达结构中，并用填好的结构说句子

躲避　　开凿　　成为　　引起

遵照　　开垦　　补贴　　保留

_____状态　　　　　_____田地　　　　　_____流言

_____天梯　　　　　_____反响　　　　　_____意愿

_____家用　　　　　_____绝唱

3. 读例句，并用给出的句式结构说句子

（1）不但……，还……，为了……

　　她不但比他大整整 10 岁，还是个带着 4 个孩子的寡妇，为了避开村民的闲言碎语，他们决定离开村子，去没有人的地方生活。

（2）……就这样……

　　……就这样，靠自己的双手，徐朝清和刘国江把 7 个孩子养大成人，在山里生活了半个多世纪。

（3）先……，然后……

　　先在顽石上打洞，然后站上去，在绝壁上用泥土、木头或石板筑阶梯。

（4）V_1 了……，V_2 了……

　　饿了，啃几个洋芋；渴了，喝几口山泉。

二 课文

1. 两位老人的爱情故事是怎么被发现的？请简单概述他们的爱情故事。（罕无人迹、刀耕火种、自给自足、流言、私奔、自力更生、悬崖峭壁、旷世绝恋）

2001 年的中秋，一个户外旅行小组在重庆江津进行森林探险时发现罕无人迹的高山深处竟然住着两位老人。他们的生活保留着刀耕火种的状态，点的是自己做的煤油灯，住的是简陋的泥房，在自己开垦的田地上耕种，生活自给自足。这两位老人就是几十年前失踪的刘国江和徐朝清，他们的爱情故事终于被人知晓。

20 世纪 50 年代，20 岁左右的重庆江津中山古镇高滩村村民刘国江爱上了大他 10 岁的"俏寡妇"徐朝清。为了躲避世人的流言，他们携手私奔到海拔 1500 米的深山老林，自力更生，靠野菜和双手养大了 7 个孩子。为让徐朝清出行安全，刘国江在悬崖峭壁上开凿通向外界的石梯，几十年如一日，终于凿出了 6000 多级石梯，被称为"爱情天梯"。二老的爱情故事被媒体曝光后，在全国引起了强烈的反响。2006 年，二老被评为首届感动重庆十大人物，同年，他们的经历又被评为"中国十大经典爱情故事"。2007 年 12 月 18 日，男主人公刘国江老人去世。2012 年 10 月 30 日 21 时 58 分，徐朝清老人去世，遵照她的意愿，人们把她葬在刘国江老人身边，这场旷世绝恋的主人公永远相守在一起。

相恋私奔

徐朝清第一次出嫁的那一天，两人首次见面。山村有个习俗，掉了门牙的孩子只要让新娘子摸一摸嘴，新牙就会长出来。由于刘国江磕断了门牙，所以他的家人抱着他到轿子前，请新娘子为他摸一摸嘴。那一年，他6岁，她16岁。

徐朝清13岁订婚，16岁结婚，26岁因丈夫患急病去世成了寡妇。婆家说她克夫，她只能独自带着4个孩子艰难地生活。有一次，她和孩子掉进河里，16岁的刘国江跳进河里救起了她们母子，之后就经常主动帮她担水，砍柴，照应家务。4年过去了，两人渐渐有了感情。但是她不但比他大整整10岁，还是个带着4个孩子的寡妇，为了避开村民的闲言碎语，他们决定离开村子，去没有人的地方生活。1956年8月的一天早上，村里人发现她和4个孩子突然失踪了，同时失踪的还有刘国江。

他们俩来到一个叫半坡头的山上，在两间没人居住的茅草屋里住了下来。

从此，和刘国江、徐朝清一家相伴的就只有蓝天白云、大山荒坡、古树野猴，没有了闲言碎语。带去的粮食很快就吃完了，刘国江就到河里去捕鱼，徐朝清到山坡边去挖野菜。他们还在房前屋后挖了几块菜园，分别种上了土豆、红薯、玉米。刘国江还养蜜蜂，酿蜂蜜卖钱，补贴家用。之后，

2. 说说两人相识、相恋，决定私奔，最后在大山深处生活下来的过程。（习俗、磕、克夫、闲言碎语、与世隔绝）

刘国江带着全家到两千米外的地方背泥土烧瓦。一家人背了一年，盖起了后来住的房子。就这样，靠自己的双手，徐朝清和刘国江把7个孩子养大成人，在山里生活了半个多世纪。半个世纪来，他们并不是完全与世隔绝，他们有时也会下山，走4个多小时到最近的集市买生活用品、送孩子们出山念书、结婚……

开凿石梯

半坡头在高滩村背后的深山中，和村里原来只有一条荆棘丛生的小路相连，当年他们就是由这条路上的山。怕徐朝清出行摔跟头，刘国江从上山那年起，就开始在崎岖的山崖和千年古藤间一下一下地开凿他们的爱情天梯。

每到农闲，刘国江就拿着铁钎榔头、带着几个煮熟的洋芋一早出门。先在顽石上打洞，然后站上去，在绝壁上用泥土、木头或石板筑阶梯。饿了，啃几个洋芋；渴了，喝几口山泉。整整50年，铁钎凿烂20多根，刘国江一下一下凿出了6000多级阶梯，每一级台阶都不会长青苔，因为只要下雨，他都会用手抹去雨水。这6000多级的石阶被人们称为"爱情天梯"。虽然徐朝清自上山后就没出过几次山，年纪大了后下山的次数更是越来越少，但刘国江仍在青山白云间执着地凿着。他一凿就是半个世纪，自己也从一个年轻人成了一位白发老翁。

3. 讲讲刘国江老人开凿"爱情天梯"的故事。（荆棘丛生、摔跟头、崎岖、铁钎、榔头、洋芋、绝壁、青苔、执着、绝唱、朝拜、永恒）

　　如今两位老人已经离开了人世，这一段爱情故事已成人间绝唱，但位于深山密林的6000多级"爱情天梯"依然在，成为情侣们朝拜的"圣地"，成为人们对纯真爱情最永恒、最美丽的追忆。

（选自"百度百科"，有删改）

三　课文学习

（一）运用语篇（语段）表达框架学习课文，根据课文内容，用所给的词语和表达格式回答下列问题，之后两人或三人一组，合作讲述两位老人的爱情故事

1. 两位老人的爱情故事是怎么被发现的？请简单概述他们的爱情故事。

2. 说说两人相识、相恋，决定私奔，最后在大山深处生活下来的过程。

3. 讲讲刘国江老人开凿"爱情天梯"的故事。

语篇结构	概述两位老人的爱情故事	详细讲述两位老人的爱情故事与"爱情天梯"	
语义层次	概述	相识、相恋、私奔，定居大山深处	开凿石梯
连接手段	2001年的中秋；这两位老人就是……；20世纪50年代；几十年如一日；二老的爱情故事被媒体曝光后；2006年；同年；2007年；2012年	徐朝清第一次出嫁的那一天；徐朝清13岁……；16岁……；26岁……；有一次；之后；4年过去了；1956年8月的一天早上；从此；之后；就这样；半个世纪来	从上山那年起；每到农闲；整整50年；如今
重要句式	在……引起了……反响；……被评为……	不但……，还……，为了……；……就这样……	先……，然后……；V_1了……，V_2了……
重要词语	罕无人迹、刀耕火种、自给自足、流言、私奔、自力更生、悬崖峭壁、旷世绝恋	习俗、磕、克夫、闲言碎语、与世隔绝	荆棘丛生、摔跟头、崎岖、铁钎、榔头、洋芋、绝壁、青苔、执着、绝唱、朝拜、永恒

（二）读后感

故事中最让你感动或者印象最深刻的是什么？说说你的感受。

（三）话题讨论

你怎么看这段"旷世绝恋"？

提示：

1. 可以从女性再婚、姐弟恋、与世隔绝的生活以及"爱情天梯"等不同
   角度发表看法。

2. 这样的爱情在当今社会还会存在吗？为什么？

（四）故事会

讲述一个爱情或友情故事。

要求：故事内容生动感人，叙述条理清晰，结构完整。

课文二　你会选择"裸婚"吗？

一　词语及句子学习

1. 重要词语：课前预习下列词语，参照课文了解词语的意思和用法

分道扬镳	保障	贫贱夫妻百事哀		神圣
奔忙	剥夺	权利	卑微	鄙贱
心扉	举债	明智	负债累累	死要面子活受罪
轻装上阵	门槛	贴标签	欠妥	基于
无可厚非	前卫			

2. 读例句，并用给出的句式结构说句子

（1）对于……来说，……或许只是……；而对于……来说，……是……

对于有钱人来说，存款或许只是一堆数字；而对于大多数人来说，那是婚姻是否幸福的保障。

（2）……不仅仅是……，那是……

仪式不仅仅是请亲戚朋友吃吃喝喝那么简单，那是我们把幸福和眼前这个人联系在一起的一个神圣过程。

（3）如果连……都……，还……

如果连房子都买不起，还结什么婚？

（4）如果……是因为……才……，……会不会因为……而……

如果一个人是因为看到一套房子才放你进入 TA 的心扉，TA 会不会因为更大的房子而牵手他人？

（5）……基于……

我觉得这个概念再被提起，首先基于之前的一个社会现象，那就是"无房不嫁"。

📖 课文

"裸婚"：哪个条件你不能接受？

无房："你是嫁人还是嫁房子？"我们听过了太多这样的疑问。当一对对相恋多年的恋人最终因房子的问题而分道扬镳的时候，我们不知道该把责任归到哪一方。

无存款：对于有钱人来说，存款或许只是一堆数字；而对于大多数人来说，那是婚姻是否幸

1. 关于"裸婚"的情况有几种？课文中各有什么观点？（分道扬镳、保障、贫贱夫妻百事哀、神圣、奔忙、剥夺、权利）

福的保障。贫贱夫妻百事哀的道理我们比父母那一辈理解得更深刻。

无仪式：仪式不仅仅是请亲戚朋友吃吃喝喝那么简单，那是我们把幸福和眼前这个人联系在一起的一个神圣过程，幸福是我们彼此说"我愿意"。

无蜜月：谁都不想领完证的第二天就开始为生活奔忙，对于我们来说，从一个人到两个人的转变需要一段时间来感受、来适应，请别剥夺我们浪漫的权利和甜蜜的回忆。

婚姻的条件：你选房子还是选感情？

我选房子。

如果连房子都买不起，还结什么婚？房子是现代生活的最低保障，没有房子，家在哪儿？我不想让自己的孩子在租来的房子里出生、长大！感情要讲，但没有房子就没有谈感情的资格。

2. 课文中对于"选房子"还是"选感情"是什么看法？（保障、资格、卑微、鄙贱、心扉、牵手、相守一生、悲哀）

我选感情。

"一个活人一套房子"是21世纪中国的奇观，透过这个我看到人性的卑微甚至鄙贱。如果一个人是因为看到一套房子才放你进入 TA 的心扉，TA 会不会因为更大的房子而牵手他人？和这样的人相守一生是一种悲哀。

感情第一！

"裸婚"为婚姻带来了什么？

搜狐文化：如今社会上出现"裸婚"的概念，是指现在很多年轻人迫于现实和经济的压力，在结婚时不要房子、车子、结婚照、婚礼、蜜月旅行等等，只领取一张结婚证。您觉得这种"裸婚"行为是积极的吗？这种现象是需要改进，还是值得提倡？

任俊华（教授）：我认为这是积极的表现，这种现象应该值得提倡。我们都知道，物质生活不等于精神生活。年轻的夫妻双方暂时因为婚前钱不多，不去办婚礼，不愿举债购物，这是十分明智的。为了一个所谓像样的婚礼负债累累，是一些要面子的人经常犯的错误。现在的年轻人不愿意"死要面子活受罪"，难道不是一种进步吗？当然，如果双方有能力不"裸婚"，适当花费、举办婚礼，也是人之常情。

吴祚来（文化学者）："裸婚"可以提倡，但不可能大面积推广，即使年轻人愿意"裸婚"，还

3. 任俊华为什么认为"裸婚"是一种进步？（提倡、物质生活、精神生活、举债、明智、负债累累、死要面子活受罪、人之常情）

4. 吴祚来为什么说"裸婚"可以提倡,但不可能大面积推广?他怎么看"裸婚"?(推广、轻装上阵、庄重、设置、门槛)

5. 王建一认为"裸婚"与什么有关?她认为"裸婚"这个概念科学吗?(房价、购买力、引进、媒体、贴标签、欠妥)

6. 陈旭认为"裸婚"的提出与什么有关?他为什么认为"裸婚"是一种很前卫、时尚的做法?(基于、无可厚非、过度、本质、一步到位、前卫、时尚)

要考虑双方家长的感受,考虑周围人们的看法。如果更多的人能够在婚姻上轻装上阵,将婚姻或爱情看得庄重又实际一些,"裸婚"就会多一些。不必为婚姻设置太多的门槛,简单的婚姻获得简单的快乐。

搜狐文化:您认为"裸婚"这一概念是基于什么社会因素?

王建一(心理测量师):我认为这和房价猛涨、家庭购买力越来越低以及国外生活方式的引进都有关系。但其实我觉得"裸婚"这个概念是媒体造出来的,它犯了一个不科学的错误,就是"贴标签"。把有这些特点的人都贴上"裸婚"的标签是欠妥的,因为他们各有各的原因,只要他们按照自己心里想的方式去做就好。

搜狐文化:您对现在流行的"裸婚"有什么看法?

陈旭(律师):现在说起来,我们那一代人不也是"裸婚"吗?我觉得这个概念再被提起,首先基于之前的一个社会现象,那就是"无房不嫁"。适当地对这些条件作出考虑是无可厚非的,可以理解,但不能过度。因为婚姻的本质还是要讲感情,物质生活不一定要一步到位,如果能勇敢接受就去做,去"裸婚",这是一种很前卫、时尚的做法。

(选自《搜狐文化》第 107 期,有删改)

■ 课文学习

（一）根据课文内容，用所给的词语和表达格式回答下列问题

　　1. 关于"裸婚"的情况有几种？课文中各有什么观点？

　　2. 课文中对于"选房子"还是"选感情"是什么看法？

　　3. 任俊华为什么认为"裸婚"是一种进步？

　　4. 吴祚来为什么说"裸婚"可以提倡，但不可能大面积推广？他怎么看"裸婚"？

　　5. 王建一认为"裸婚"与什么有关？她认为"裸婚"这个概念科学吗？

　　6. 陈旭认为"裸婚"的提出与什么有关？他为什么认为"裸婚"是一种很前卫、时尚的做法？

（二）小组讨论

　　3至5人一组，分组讨论下列问题，之后概括小组意见，在全班汇报讨论情况。

　　1. 你能接受"裸婚"吗？为什么？你对四种"裸婚"的情况怎么看？

　　2. 面对婚姻，你选房子还是选感情？为什么？

　　3. 你赞成四位专家的意见吗？为什么？说说你的看法。

✈ 课文三　　你愿意进行婚前财产公证吗？

■ 词语及句子学习

　　1. **重要词语**：课前预习下列词语，参照课文了解词语的意思和用法

坦承	纠纷	亵渎	预见	不欢而散
一纸空文	理智	摆明	从一而终	贪图
后路	长远	实施	得不偿失	私产
淡薄	嫁鸡随鸡，嫁狗随狗	有意识	主张
资助	共识	再婚	偏激	尴尬

2. 从给出的词语中选择合适的填入相应的词语搭配或表达结构中，并用填好的结构说句子

伤害　　达成　　亵渎　　维护

干涉　　铺好　　增强　　贪图

_____意识　　　　_____婚姻　　　　_____财产

_____私事　　　　_____后路　　　　_____权利

_____感情　　　　_____共识

3. 读例句，并用给出的句式结构说句子

（1）……显示，……% 的（人）……

　　某项调查显示，50% 的女性选择考虑做婚前财产公证，33% 的人认为自己不会做婚前财产公证，而 17% 的人则坦承很难说。

（2）既然……何必……

　　既然对未来根本没有长远的信心，何必还要结婚呢？

（3）这是……的表现

　　我认为这是我们国家改革开放多年法治意识普遍提高的表现。

（4）从……的角度考虑，……是必要的

　　从理性的角度考虑，婚前财产公证也是必要的。

📖 课文

　　法律意识的增强和婚姻的不稳定性让婚前财产公证兴起。有人认为这是进步，有人认为这很伤感情，你支持哪一方？

　　某项调查显示，50%的女性选择考虑做婚前财产公证，33%的人认为自己不会做婚前财产公证，而17%的人则坦承很难说。感情输给现实，这就是现实。

　　看多了名人的财产纠纷，这样的事会不会发生在我们身上？调查显示，46.1%的人认为可能发生在自己身上，67.8%的人表示这已经成为普遍现象。

你愿意进行婚前财产公证吗？

　　愿意，这样是保护。

　　婚前财产公证等于买保险。这并不是对婚姻的亵渎，十年后发生什么没人可以预见。真有那么一天，和平分手总比不欢而散好很多。如果到老去时身边依然是对方，相信我们都忘了这件事，这份公证就变成一纸空文。在结婚前多一些理智，这并不是坏事。

　　不愿意，这样伤感情。

　　婚前财产公证等于要离婚，摆明了就是对另一半不信任。谁都希望自己的婚姻从一而终，结

1. 说说就婚前财产公证所做的调查的结果。（稳定性、兴起、坦承、输、纠纷）

2. 关于婚前财产公证，课文中有哪两种不同意见？（亵渎、预见、不欢而散、一纸空文、理智）（摆明、从一而终、贪图、铺、后路、信号、外人、长远）

婚也不是贪图对方的财产。在婚前就铺好离婚时的后路无法让人接受。提出婚前财产公证这个行为是一个无声的信号，那就是，你依然把我当外人。既然对未来根本没有长远的信心，何必还要结婚呢？这件事，伤感情。

财产公证为婚姻带来了什么？

搜狐文化：您认为现在婚前财产公证兴起是基于什么样的社会背景？对婚姻是伤害还是促进？

任俊华（教授）：我认为这是我们国家改革开放多年法治意识普遍提高的表现。我们知道，法治意识是一个国家走上现代化的重要标志。改革开放实施"依法治国"，让我们的公民能够自觉拿起法律这个武器，维护自己应有的权利，这是一种进步，应该肯定。但是作为准备结婚的男女双方，要不要做婚前财产公证，应该也是他们双方的私事，别人不应该也没有权利干涉。而且，男女双方一定要彼此尊重、相互沟通，不要因为办婚前财产公证伤了感情，这样就得不偿失了。

吴祚来（文化学者）：传统中国社会似乎没有财产公证之说，财产公证体现的是公民的私产意识增强，还有对婚姻的理性态度。

王建一（心理测量师）：我认为婚前财产公

3. 任俊华、吴祚来和王建一对婚前财产公证兴起的社会背景各有什么分析？他们认为这个公证对婚姻是促进还是伤害？

（任俊华：法治意识、实施、依法治国、维护、权利、私事、干涉、得不偿失）

（吴祚来：私产、理性）

证是一种进步。婚前财产公证与道德无关，它与中国人的法律意识有关，同时不可否认，也与当下婚姻的不稳定性增强有关。以前，经济不发达，中国人的法律观念也淡薄，我们的传统是"嫁鸡随鸡，嫁狗随狗"，觉得谈财产是件伤感情的事。现在人们开始有意识地保护自己的财产。同时，很多时候是父母主张孩子做财产公证的，因为现在年轻人买的房子，大部分购房款是由父母资助的。有一个现象，就是谁家出钱多，谁就更主张公证。当然，最终男女双方需要在婚前财产公证这个问题上达成共识。因为财产公证不涉及道德或者其他方面，所以很难说它是对婚姻的促进还是伤害。

搜狐文化：什么样的人会选择婚前财产公证？

陈旭（律师）：有越来越多的再婚家庭和财富差距较大的家庭选择婚前财产公证。特别是老人再婚，因为子女反对，怕另一方分了自己的财产，所以只有在两个老人进行财产公证后子女才允许他们在一起。迫于无奈，两位老人只能公证。而某些年轻人组织家庭时也会考虑，父母用了半生的积蓄为自己买了婚房，现在的离婚率这么高，进行婚前财产公证也是对自己利益的一种保护。所以从理性的角度考虑，婚前财产公证也是必要

（王建一：进步、不可否认、嫁鸡随鸡，嫁狗随狗、有意识、主张、资助、达成、共识、涉及、促进）

4. 根据陈旭律师的介绍，什么人会在婚前选择财产公证？他认为对这个问题应该怎么看？（再婚、允许、无奈、积蓄、离婚率、利益、理性、承受力、偏激、矛盾、尴尬）

的。有些心理承受力比较弱的人会觉得婚前财产公证是对感情的伤害，其实没必要这么偏激。感情和法律其实并不矛盾，用财产公证的方式解决了一些尴尬的问题，对双方及其父母都有好处。

(选自《搜狐文化》第107期，有删改)

三 课文学习

（一）根据课文内容，用所给的词语和表达格式回答下列问题

1. 说说就婚前财产公证所做的调查的结果。

2. 关于婚前财产公证，课文中有哪两种不同意见？

3. 任俊华、吴祚来和王建一对婚前财产公证兴起的社会背景各有什么分析？他们认为这个公证对婚姻是促进还是伤害？

4. 根据陈旭律师的介绍，什么人会在婚前选择财产公证？他认为对这个问题应该怎么看？

（二）小组讨论

3 至 5 人一组，分组讨论下列问题，之后概括小组意见，在全班汇报讨论情况。

1. 你个人是否愿意做婚前财产公证？为什么？

2. 基于对婚前财产公证兴起的社会背景的分析，你认为这个现象的出现是社会的进步吗？为什么？

3. 你认为婚前财产公证与道德有关吗？它对婚姻是促进还是伤害？

4. 什么人适合（或者说应该）做婚前财产公证？

5. 你怎么看婚前财产公证（总结你对婚前财产公证的看法）？

肆 语言实践活动

一 小组活动：给男友、女友打分

1. 下面是男友评分表和女友评分表，请每位同学给自己心目中的男友（女友）打分，并说说自己评分的理由。

女友评价表——评分标准

（基础分 1000 分）

原帖《算算你女朋友的评分，超过 3500 就赶紧娶了吧》中，对选择女友罗列了以下加减分的标准，这些标准归纳为四类：

性格才艺

会跳舞的	+100
会唱歌的	+100
不会打麻将的	+100
不会喝酒的	+100
嗜酒的	−200
抽烟的	−200
会做饭的	+300

不会洗衣服的	−200
温柔贤惠的	+500
不懂事，总任性的	−200
成熟稳重的	+100
古怪精灵的	+200
每天都要吵架的	−100
会浪漫的	+100

雷人条件

谈过恋爱的，被甩一次	−100
谈过恋爱的，甩别人一次	+100
没有谈过恋爱的	+300
养宠物的	+100
喜欢宠物的	+50
没照过大头贴的	−200

自然条件

身高超过 160cm 的，每超 1cm	+100	漂亮的（性感、野性、妖艳）	−500
身高低于 160cm 的，每低 1cm	−100	漂亮的（自然、大方的）	+500
体重超过 120 斤的，每超 10 斤	−100	近视的，超过 300 度，每超 100 度	−100
体重不足 100 斤的，每差 10 斤	−100	有病史的，每一项	−100
超过 27 岁的，每超 1 岁	−100		

是否以自我为中心

会陪你玩儿游戏的	+100	不经常上网聊天儿的	+200
很听话的	+100	不经常出去应酬的	+200
只听你的话，不听别人的话的	+200	会按照你喜欢的方式打扮自己的	+100
会为你哭的	+100	很体贴，你想吃什么都会给你买的	+200
总惹你生气的	−100	在你朋友面前不任性的	+100
总告诉你想你的	+100	会给你洗衣服的	+300
吵架不管是不是她错，总是她先找你的	+500	跟你在一起不爱笑的	−200
同学聚会喜欢带你去的	+100	会送你她亲手做的东西的	+100
会关心你，不让你抽烟、喝酒的	+100	总说你闷的	−200
不打扰你个人生活的	+100	会帮你擦鞋的	+200

男友评价表——评分标准

（基础分 1000 分）

身高超过 170cm 的，每超 1cm	+100	谈过恋爱的，被甩一次	+100
身高低于 170cm 的，每低 1cm	−100	谈过恋爱的，甩别人一次	−100
会跳舞的	+100	没有谈过恋爱的	+100
会唱歌的	+100	超过 25 岁的，每超 1 岁	−100
体重超过 140 斤的，每超 10 斤	−100	有病史的，每一项	−100
体重不足 120 斤的，每差 10 斤	−100	不会打麻将的	+100
近视的，超过 300 度，每超 100 度	−100	不会喝酒的	+100

嗜酒的	−200	吵架不管是不是他错，总是他先找你的	+100
抽烟的	−200	很听话的	+100
养宠物的	+100	只听你的话，不听别人的话的	+200
喜欢宠物的	+50	会为你哭的	+100
会做饭的	+300	总惹你哭的	−100
幽默风趣的	+100	很体贴，你想要什么都会给你买的	+200
会陪你逛街的	+100	在你朋友面前不任性的	+100
不懂事，总任性的	−200	会浪漫的	+100
总告诉你想你的	+100	会给你洗衣服的	+100
同学聚会喜欢带你去的	+100	成熟稳重的	+100
会关心你，不让你抽烟、喝酒的	+100	跟你在一起不爱笑的	−200
不打扰你个人生活的	+100	会送你他亲手做的东西的	+100
会按照你喜欢的方式打扮自己的	+100	总说你丑的	−200
不会洗衣服的	−200	没照过大头贴的	−200
每天都要吵架的	−200	会帮你提鞋子的	+200

2. 各组汇总小组成员的评分及讨论情况，在全班汇报。

（1）概括出大家评分时看重的主要是哪些方面，为什么。

（2）你们对男友女友评分表有什么看法？

（3）列出自己选择男女朋友的标准，描述"我心中的男朋友 / 女朋友"。

二 畅谈会：我们的爱情

选取与爱情有关的任一话题，准备 3 至 5 分钟的发言，发言后，组织同学们参与讨论（最少有三人发言，每次讨论时间不少于 5 分钟）。

三 小话剧

全班分为 3 至 5 组，以"爱情"为主题，可改编《爱情天梯》的故事，也可自编剧本。组内分配角色，进行排练，在全班表演。

1. 剧情与爱情有关，有正能量，有戏剧性，角色生动感人；

2. 充分利用本单元学习的词语、句式；

3. 合理分配角色和台词，每位同学积极参与排练和表演；

4. 表演时长 30 分钟左右。

第八单元 网络

网络

壹 话题热身

两人一组，简要回答下列问题。

1. 你的生活与网络的关系密切吗？你的生活能离开网络吗？

2. 你认为网络对于生活利大于弊还是弊大于利？

3. 你与网友见过面吗？见过，有什么感受？没见过，不愿意见吗？为什么？

4. 你如何看待网恋？

5. 你如何看"人肉搜索"？

 话题背景

一 重要词语：课前预习下列词语，参照课文了解词语的意思和用法

两面性	双刃剑	浏览	隐私	窃取	黑客
沉迷	虚拟	自拔	足不出户	心智	自控力
诱发	缺陷	侵蚀	泛滥	牵制	

二 阅读下面的短文，根据短文内容回答问题

　　任何事物都具有两面性，要看如何认识它，运用它，网络也不例外。网络有利也有弊，是一把双刃剑。因特网用自己的独特方式改变着人们的生活。人们上网可以查阅资料，看电影，听音乐，浏览最新消息，还可以网上购物、网上炒股、网上交易、网上聊天儿。但是，网络也给人们的生活带来了很多麻烦：网上个人账户被盗，个人隐私被窃取，黑客四处作乱，网络病毒侵害正常的工作等。网络游戏、黄色网站以及虚假的网上婚恋，使意志薄弱的人沉迷于虚拟的网络世界不能自拔，失去了在现实社会正常生活的能力。

　　我们来细数一下网络的利与弊。

　　利：

　　1. 可以搜集许多有用的信息；

　　2. 开阔视野，增长见识；

　　3. 足不出户就尽知天下事；

　　4. 与远方的亲人朋友互通消息，联络方便；

　　5. 及时了解时事快讯；

6. 网上可发帖评谈时事；

7. 心情不好时可以找网友聊聊天儿，倾诉心声。

弊：

1. 扰乱人的心智；

2. 一旦沉迷于网络不能自拔，就会遗憾终生；

3. 若自控力差，单独与网友见面，容易诱发自身安全问题；

4. 容易受不良因素的诱惑；

5. 浪费时间，影响学习和身体健康；

6. 容易使人兴趣单一，造成性格和人格上的缺陷；

7. 侵蚀母语，网络语言的出现和泛滥对母语和传统文化有影响。

其实，网络是无辜的，它只是一种工具。如何使用网络，是利用好网络为己所用，还是被其牵制，陷入其中而不能自拔，全在于每个人自身。

1. 根据课文内容，用下列表格整理归纳网络的利与弊，并补充说说文中没有提到的利与弊。

	利	弊
1		
2		
3		
4		
5		
6		
7		
8		
9		
10		

2. 你同意"网络是无辜的，它只是一种工具"的说法吗？为什么？

3. 你认为人能控制网络吗？

叁 课 文

✈ 课文一　网聊热，见面冷

一 词语及句子学习

1. **重要词语：课前预习下列词语，参照课文了解词语的意思和用法**

热衷	顺畅	匮乏	刷	冷场	不亦乐乎
晾	百无聊赖	沉浸	个案	阅历	碰壁
模式	例行公事	疏远	待人接物	不知所措	封闭
浅层	互动	依恋	不可替代	绑架	过滤
计较	气馁	厚脸皮	一回生二回熟		

2. **从给出的词语中选择合适的填入相应的词语搭配或表达结构中，并用填好的结构说句子**

创造	缺乏	认识	咨询	交流	融入
陷入	引发	理解	遭遇	表达	传递

_____沟通　　　_____障碍　　　_____尴尬

_____疾病　　　_____问题　　　_____自我

_____机会　　　_____他人　　　_____社会

_____感情　　　_____思想　　　_____情意

3. 读例句，并用给出的句式结构说句子

（1）就算……也……

就算不知道聊什么，也不能把我扔一边吧?

（2）……具有……的作用

中国人民大学心理学系副主任胡平认为，面对面真实沟通具有不可替代的作用。

（3）比起……，……更……

比起网络沟通，现实沟通的信息更充分和生动。

（4）……会使……，导致……

过分依赖甚至被网络聊天儿工具绑架，会使很多真实、丰富的情绪信息被过滤掉，导致人们无法在现实中相互沟通，这对个人成长发展很不利。

二　课文

84.6％的受访者感觉当下青年缺乏真实沟通

如今，许多年轻人热衷通过微博、微信等网络方式与人交流，缺乏面对面的真实沟通。有时原本在线上沟通顺畅的两个人，面对面沟通时却遭遇交流障碍，成了"最熟悉的陌生人"。

《中国青年报》社会调查中心对1721人进行的在线调查显示，84.6%的受访者感觉当下青年缺乏真实沟通。其中，27.8%的人认为"非常缺乏"。受访者中，"70后"占26.8%，"80后"占40.3%，"90后"占20.9%。

1. 当下青年缺乏真实沟通吗?（热衷、顺畅、遭遇、障碍）

2. 青年缺乏真实沟通有哪些表现？请说说王立和刘飞的经历。（匮乏、刷、冷场、尴尬、不亦乐乎、晾、百无聊赖、沉浸、个案）

53.5％的人坦言与人线下见面沟通会尴尬

青年缺乏真实沟通有哪些表现？调查中，48.6%的人认为是"线上沟通顺畅，线下真实沟通次数匮乏"；41.8%的人选择"与人沟通时，常常拿出手机，发短信，刷微博等"；35.7%的人"与人沟通时，害怕眼神交流"；还有32.2%的人回答"与人沟通时，常常冷场"。

江西"90后"学生王立曾与一名同样爱好音乐的朋友在QQ上聊得十分愉快，"但后来见面，立刻感觉很不习惯，不知道说什么"。憋了几秒钟，王立终于开口说话："哦，你是……"对方回答："是，你好。"接着，两人陷入尴尬，匆匆结束了见面。之后，他们在网上的对话越来越少，变回了陌生人。网聊热，见面冷——王立的经历是青年缺乏真实沟通的主要表现之一，调查中，53.5%的受访者有过与王立相似的经历。

北京某银行职员刘飞告诉记者，不久前，一个网友约他见面谈如何才能进入银行工作。见面后，对方简单咨询了几个问题，就开始用手机拍餐桌上的菜，发微博，然后评论、回复……忙得不亦乐乎，把刘飞晾在一边。百无聊赖下，刘飞干脆也掏出手机发短信。那顿饭40分钟就结束了，两人对话不超过5分钟。刘飞抱怨："这根本就不叫沟通！他完全沉浸在自己的世界里。就算不知道聊什么，也不能把我扔一边吧？太没有礼貌了！"刘飞的遭遇并非个案。如今，网上流行这样一句话："世界上最远的距离，不是生与死的距离，而是我在你身边，你却在玩儿手机。"

为何不少年轻人缺乏真实沟通？

问到造成年轻人缺乏真实沟通的原因，调查中，78.9%的人认为是"过分依赖虚拟交友方式，不愿真实沟通"，65.6%的人提出是"缺乏真实沟通技巧"，51.5%的人指出是因为"阅历不够，缺乏沟通话题"，49.1%的人表示"虚拟交友方式更时尚，更吸引人"。

南开大学社会心理学系副教授管健认为，很多"80后""90后"青年容易过分关注自我，进入社会后，在真实沟通中常常碰壁，这造成他们主观上对现实沟通的不适应。

山东大学哲学系教授程胜利表示，由传统社会向现代社会的发展过程中，人们的居住方式、生活方式、家庭结构和人际交往模式都发生变化。人与人之间亲密交往的机会减少，交往经常变成一种例行公事，人与人之间的关系变得冷淡与疏远。但这种趋势并不是中国独有的。

3. 年轻人缺乏真实沟通的原因是什么？调查中人们有什么看法？两位教授有什么观点？（虚拟、阅历、碰壁、模式、例行公事、疏远）

一味依赖网络沟通容易导致个体孤独感

4. 青年缺乏真实沟通会导致哪些问题？（待人接物、不知所措、漠不关心、封闭、浅层、互动、依赖、依恋、引发）

青年缺乏真实沟通会导致哪些问题？56.7% 的受访者觉得会导致"现实中待人接物能力较差"，50.3% 的人认为会造成"真实沟通中不知所措或对对方漠不关心"，47.8% 的人选择"存在交流障碍，无法全面表达观点"，44.7% 的人认为结果是"内心更为封闭，无法融入社会"，还有 36.6% 的人觉得"浅层沟通使人们无法真正相互理解"。

管健提醒，网络沟通虽然也可以与他人互动，但人们仍然需要现实的沟通来传递感情、交流思想、表达情意，避免焦虑感。一味依赖网络沟通，容易导致个体内心产生孤独感，现实交流时反而出现困难。更有甚者，会因对网络过分依恋引发心理疾病。

面对面真实沟通更容易理解他人并认识自我

5. 面对面真实沟通有什么作用和益处？（不可替代、符号、绑架、过滤）

调查中，74.8% 的受访者认为只有通过真实沟通，才能真正理解他人并认识自我。

中国人民大学心理学系副主任胡平认为，面对面真实沟通具有不可替代的作用。比起网络沟通，现实沟通的信息更充分和生动。双方的情绪、情感以及一些非语言性信息也会更丰富，对话双方更容易达成理解。尽管网络平台上有一些面部表情符号帮助人们理解情绪，但这些符号不足以替代真实情感。过分依赖甚至被网络聊天儿工具绑架，会使很多真实、丰富的情绪信息被过滤掉，导致人们无法在现实中相互沟通，这对个人成长发展很不利。

如何加强青年的真实沟通？

调查中，64.4%的人建议创造更多真实沟通的机会，59.5%的人希望让青年认识到真实沟通的必要性，另有50.4%的人建议年轻人加强学习真实沟通的技巧。

如今，越来越多的青年开始认识到真实沟通的必要性，创造出一系列对抗"手机依赖症"的办法。比如，有一种叫做"手机叠叠乐"的聚会游戏，规则是，聚会吃饭前所有人交出手机，叠在一起，谁先受不了去碰手机，谁就要买单。

在美国俄亥俄州立大学读商科的大三学生黄立凡认为，跟不熟悉的人沟通交流是社会人应该掌握的社交技巧，也是一门艺术。沟通中应主动热情一些，遇到尴尬不要过于计较、马上气馁，有时要学会"厚脸皮"，"一回生二回熟"，之后的沟通也就能慢慢顺畅起来。

（选自《中国青年报》2012年3月8日，原题《网聊热，见面冷》，
记者：黄冲，实习生：洪欣宜，有删改）

6. 如何加强青年的真实沟通？（创造、气馁、厚脸皮、一回生二回熟）

三 课文学习

（一）运用语篇（语段）表达框架学习课文，之后根据课文内容，用所给的词语和表达格式回答下列问题

　　1. 当下青年缺乏真实沟通吗？

　　2. 青年缺乏真实沟通有哪些表现？请说说王立和刘飞的经历。

　　3. 年轻人缺乏真实沟通的原因是什么？调查中人们有什么看法？两位教授有什么观点？

　　4. 青年缺乏真实沟通会导致哪些问题？

　　5. 面对面真实沟通有什么作用和益处？

　　6. 如何加强青年的真实沟通？

语篇结构	语义层次	重要句式	重要词语
当下青年是否缺乏真实沟通	调查结果	调查显示……；……占……	热衷、顺畅、遭遇、障碍
青年缺乏真实沟通的表现	调查结果	就算……也……	匮乏、刷、冷场、尴尬、不亦乐乎、晾、百无聊赖、沉浸、个案
	两个人的经历		
年轻人缺乏真实沟通的原因	调查结果		虚拟、阅历、碰壁、模式、例行公事、疏远
	两位教授的观点		
青年缺乏真实沟通导致的问题	调查结果		待人接物、不知所措、漠不关心、封闭、浅层、互动、依赖、依恋、引发
	专家的意见		
面对面真实沟通的作用和益处	调查结果	……具有……的作用；比起……，……更……；……会使……，导致……	不可替代、符号、绑架、过滤
	专家的看法		
如何加强青年的真实沟通	调查结果		创造、气馁、厚脸皮、一回生二回熟
	某大学生的体会		

（二）话题讨论

　　1. 在你的生活中有过"网聊热，见面冷"的情况吗？你认为原因是什么？

2. 你认为当下青年缺乏真实沟通吗？除了课文中所说的原因，你认为还有什么原因造成了这一情况？

3. 你在生活中有与人交流的障碍吗？这给你带来了什么问题？

4. 你认为面对面真实沟通很重要吗？为什么？请举例说说。

5. 你认为还有什么方法可以增强人与人面对面真实沟通的能力？

（三）交流会：面对面沟通技巧（每人介绍一个沟通技巧，或现实沟通中遇到的问题或困惑，互相交流沟通的方法和技巧）

1. 3至5人一组，讨论并总结出课文中没有提到的面对面的沟通技巧（按不同场景，对话人的年龄、身份等信息讨论不同的沟通技巧），之后在全班汇报讨论结果。

2. 听取完各组汇报后，全班按不同场景，对话人的年龄、身份等汇总列出面对面沟通技巧。

3. 自由分组，一组选取一个场景和角色身份演练面对面沟通技巧，并在全班表演。

课文二　人肉搜索

一 词语及句子学习

1. 重要词语：课前预习下列词语，参照课文了解词语的意思和用法

机制	挖掘	层出不穷	深不可测	多元
以强欺弱	猎奇	探究	减压	宣泄
声讨	舆论	矫正	负面影响	散布
滥用	暴力	别有用心	中伤	诽谤
猥亵	侮辱	侵权	抑制	

2. 从给出的词语中选择合适的填入相应的词语搭配或表达结构中，并用填好的结构说句子

| 成为 | 发泄 | 提供 | 受到 | 充满 |
| 暴露 | 变成 | 进行 | 处于 | 起到 |

_____于阳光下 　　　　　　为……_____了基础

_____社会过渡转型期 　　　使……_____现实

对……_____好奇 　　　　　从中_____教育和启示

由……_____…… 　　　　　对……_____揭露

_____……作用 　　　　　　将……_____到……（身）上

3. 读例句，并用给出的句式结构说句子

（1）使……得以……，也使……成为……

　　　互联网等高技术产品在日常生活中得到广泛应用，使各种信息得以大范围地、迅速地传播，也使网民在虚拟的网络社区进行各种形式的超时空互动成为现实。

（2）一是……；二是……；三是……

　　　主要有以下几方面：一是猎奇探究心理，……；二是减压宣泄心理，……；三是平等参与心理，……。

（3）对……来说，可以……，以便……

　　　对广大网民来说，可以从中受到教育和启示，以便更好地规范或矫正自己的言行。

（4）其一……；其二……；其三……

　　　其社会负功能主要表现在：其一……；其二……；其三……。

二 课文

　　"人肉搜索"是指通过大量的人工参与来寻找答案的网络机制，即网民根据网络上的照片、视频场景、网名、QQ号或微信号，互通信息进行寻找，往往可以挖掘出目标人物在现实中的真实姓名、家庭住址、工作单位等，甚至此人的家庭背景、生活经历、亲朋好友等私人信息也可能会"暴露于阳光下"。

　　随着网络技术的日益发展，"人肉搜索"事件层出不穷，引起了越来越多的关注，也引发了不少争议。

从社会学角度看"人肉搜索"现象产生的根源

　　"人肉搜索"的存在有其生存空间。作为一种社会现象，"人肉搜索"产生的基础是互联网、焦点社会问题和网民。

　　首先，互联网信息技术的发展为"人肉搜索"这种新的社会现象的产生提供了基础。人们原本认为"深不可测"的互联网等高技术产品在日常生活中得到广泛应用，使各种信息得以大范围地、迅速地传播，也使网民在虚拟的网络社区进行各种形式的超时空互动成为现实。

　　其次，随着物质生活水平的提高，人们有了对精神层面的追求，开始关注社会价值，如社会公平、正义等。中国当前正处于社会过渡转型期，

1. 什么是"人肉搜索"？
（机制、场景、挖掘、层出不穷、争议）

2. "人肉搜索"产生的社会根源是什么？（焦点、深不可测、虚拟、超时空、互动、过渡、转型、多元、以强欺弱、猎奇、探究、减压、宣泄、声讨）

137

由于思想多样、价值多元、规则不健全等，出现了各层次的社会问题，比如，前段时间被"人肉搜索"曝光的一些轻视生命、婚外恋、造假、不遵守公共规则、以强欺弱以及违反基本道德的事件，就是如此。

另外，直接动机是网民的广泛参与。为什么网民乐于参与？主要有以下几方面：一是猎奇探究心理，对新鲜事物充满好奇；二是减压宣泄心理，将自己积累在心中的压抑情绪发泄到网络上声讨的那个人身上，以此减轻自己的心理压力；三是平等参与心理，每个人都希望获得平等和尊重，希望自己有发言权，网络社区给予了人们平等参与的权利，使人们由被动的信息接受者变成主动的信息提供者，自我成就感得以提高。

如何评价"人肉搜索"

3. 如何看待"人肉搜索"？（天使、魔鬼、揭露、舆论、监督、制约、矫正、弘扬、负面、散布、滥用、暴力、别有用心、攻击）

有人说，"人肉搜索"是"天使"，能在最短的时间揭示真相，看上去"恐怖"，实际却很"正义"；也有人说，"人肉搜索"是"魔鬼"，是"网络暴力"。那么如何评价"人肉搜索"呢？

社会学家认为，绝大多数社会事物和现象都具有社会正功能和负功能，"人肉搜索"也是如此。其社会正功能主要表现在：一是对社会的假、丑、恶等现象进行揭露，起到社会舆论监督与制约作用；二是对广大网民来说，可以从中受到教育和启示，以便更好地规范或矫正自己的言行；三是可以促进真善美、公平正义等在社会生活中的弘扬。

在看到"人肉搜索"正功能的同时，也不能忽视其带来的社会负面影响。其社会负功能主要表现在：其一，如果在不知事实真相的前提下，任意挖掘他人的个人信息，并在网络公共领域随意散布，以至于影响他人的家庭生活甚至工作学习，这就很可能成为不道德的行为，甚至是违犯法律的行为；其二，"人肉搜索"如果被滥用，就会转化为网络舆论暴力工具，失去公平正义的立场，反而破坏了社会的公平正义；其三，由于网络规则的不健全，"人肉搜索"很有可能被一些别有用心的人利用，成为攻击他人的工具。

如何从法律上加强对"人肉搜索"的
管理、引导和规范

有的国家颁布了一些相关的法律，对网络中的个人隐私进行保护。例如，2000 年 4 月，美国《儿童网络隐私保护法》正式生效。这是美国出台的第一部有关保护网民隐私的联邦法律。该法的主要目的是保护 13 岁以下网民的隐私。意大利、西班牙等国也先后颁布了《个人数据保护法》等相关法律。

对于"人肉搜索"，有必要完善以下工作：第一，进一步完善网络管理法律法规，具体规定

4. 如何加强对"人肉搜索"的管理和规范？（颁布、隐私、完善、监管、威胁、中伤、诽谤、猥亵、侮辱、侵权、侵害、抑制）

公民个人隐私的范围；第二，完善网络管理制度，明确网站的监管义务和相关法律责任，加强网站对"人肉搜索"行为的管理，例如，规定网站对网友的不当留言要及时删除，网站在服务条款中要严格界定属于威胁、中伤、诽谤、猥亵、侮辱或其他违犯法律的行为，同时，在条件成熟的情况下，实行网络实名制；第三，大力宣传和普及网络法律知识，增强公民的隐私权保护意识。我国的一些网民法律意识不强、隐私观念淡薄，网络经营商的个人隐私权保护意识也较为淡薄，缺乏尊重与保护个人隐私的主动性和自觉性，导致网络侵权行为时有发生。公民法律意识和隐私权保护意识的增强，有利于减少网络违法行为的发生，同时一旦权利遭到侵害，公民也应勇于拿起法律武器来维护自己的合法权利。

"人肉搜索"有其两面性，不能简单地给它贴上"天使"或"魔鬼"的标签，应发挥它的社会正功能，采取一定的措施有效抑制其社会负功能，把因"人肉搜索"造成的危害降到最低。

(选自"百度知道"、豆丁网、"百度文库"，有删改)

三 课文学习

（一）运用语篇（语段）表达框架学习课文，之后根据课文内容，用所给的词语和表达格式回答下列问题

1. 什么是"人肉搜索"？

2. "人肉搜索"产生的社会根源是什么？

3. 如何看待"人肉搜索"？

4. 如何加强对"人肉搜索"的管理和规范？

语篇结构	语义层次	连接手段	重要句式	重要词语
什么是"人肉搜索"	"人肉搜索"的定义		……是指……	机制、场景、挖掘、层出不穷、争议
	"人肉搜索"引发争议		随着……	
"人肉搜索"产生的社会根源	互联网的发展为"人肉搜索"的产生提供了基础	首先，其次，另外；一是……，二是……，三是……	使……得以……，也使……成为……；随着……，……有了……，开始……	焦点、深不可测、虚拟、超时空、互动、过渡、转型、多元、以强欺弱、猎奇、探究、减压、宣泄、声讨
	焦点社会问题引起人们的关注			
	网民的广泛参与			
如何看待"人肉搜索"	"人肉搜索"的社会正功能	其一……，其二……，其三……	对……来说，可以……，以便……	天使、魔鬼、揭露、舆论、监督、制约、矫正、弘扬、负面、散布、滥用、暴力、别有用心、攻击
	"人肉搜索"的社会负功能			
如何加强对"人肉搜索"的管理和规范	有的国家已颁布相关法律规	第一……，第二……，第三……		颁布、隐私、完善、监管、威胁、中伤、诽谤、猥亵、侮辱、侵权、侵害、抑制
	对于"人肉搜索"，有必要完善的工作			
	总结			

（二）实际案例分析

1. 3 至 5 人一组，搜集有关"人肉搜索"的著名案例，选取其中的两三个进行深入分析，写出分析报告，在全班汇报。

2. 分析层面（参考）

（1）被"人肉搜索"的事例的性质；

（2）被"人肉搜索"的人的身份；

（3）"人肉搜索"中使用的手段；

（4）人们热衷于此类事件的心理；

（5）此案例造成的影响及引起的反思。

（三）我的观点：你怎么看"人肉搜索"？

　　1. 参考课文内容，每位同学思考、整理自己对"人肉搜索"的看法。

　　2. 选出一位主持人，召开全班讨论会。

肆 语言实践活动

一 调查

　　3 至 5 人一组，设计调查问卷，采访 30 个人，要求年龄、性别、学历、职业不同，可设置区分不同人群，如男性、女性，青年人、中年人、老年人，学生、成人等。了解他们对"人肉搜索"或"网恋"的看法，之后写出调查报告，在班里向大家介绍。

二 辩论

（一）辩题

　　　　正方：网恋利大于弊

　　　　反方：网恋弊大于利

（二）准备

　　1. 认真学习补充材料，并从网上搜集整理相关的资料为辩论做好充分的准备。

　　2. 9 人一组（8 位辩手，一位主持人），每组中 4 人为正方，4 人为反方。每方辩手分为：一辩、二辩、三辩、四辩。一组辩论时其余学生为评委。正反方先讨论完成下表，分配一辩至四辩，确定发言内容。

辩手	网恋利大于弊	网恋弊大于利
一辩		
二辩		
三辩		
四辩		

（三）辩论步骤

1. 按照辩论程序开始辩论。

（1）一辩开篇陈词，阐述己方立场。（各 1 分钟）

（2）二辩、三辩反驳对方立论，补充己方的观点并针对对方的观点和本方的立场设计若干问题，请对方回答。（各 1 分钟）

（3）进行自由辩论。（共 6 分钟）

（4）四辩总结陈词。（各 30 秒）

2. 全班同学评选出"最佳辩论队""最佳辩手"及"最佳主持人"。

3. 集体点评。

补充材料

一、网恋的危害

网恋的魅力在于网络的虚幻，而危害也在于此。网恋的浪漫植根于虚幻的网络之上，如果天真地认为网络是一片乐土，流连忘返，就会危及正常的现实生活。

的确，也有网上情人真的变成了现实生活中的情人，并且相处得不错，那是因为双方在网上交流的时候就没有戴多少面具，因而见面以后双方会觉得差距不大，自然也就容易接受真实的人了。

但是，并不是所有网恋都有美好的结局，更多的是"见光死"。痞子蔡曾经说过，网络通常会产生三种人：第一种人会在网络上突出他的次要性格，第二种人会在网络上变成他"希望"成为的那种人，第三种人会在网络上变成他"不可能"成为的那种人。所以说，网上的人很多都戴着面具，

在网络上喜欢的他，现实中可能完全是另外一个人。网上恋爱回到现实中很少有成功的例子，网友见面后，结果往往是可悲的。

网恋中长时间泡网无疑会缩减自己与亲人、朋友、同事交流的时间，会给自己的家庭、生活和工作带来不便，由在线交流引起的"婚外情"使越来越多的家庭走向解体。网恋，给传统的爱情、家庭观念和模式造成了颇具杀伤力的冲击。

二、网恋人多而成功率低

网络群体以青年人为主，网恋在该群体中很流行。面对越来越多的网恋现象，年轻人持什么态度呢？调查显示，65%的受访者对网恋持中立态度，而对网恋明确表示赞成（12%）或反对（23%）的都是少数。在学生中的抽样调查结果显示，95%的学生认为网恋没有爱情，但35%的学生经历过网恋。91%的学生不看好网恋，但与之相矛盾的是63%的学生表示，如果有机会，愿意尝试。其中，认为因为空虚寂寞去网恋的占56%，认为距离产生美的占39%。

对于网恋能否成功，受访者的回答分化较大：8%的被访者认为"十分可能"，认为"有一点儿可能"和"不确定"的分别占到35%、28%，另外还有25%和4%的被访者选择了"不太可能"和"绝对不可能"。乐观者认为，网恋更注重思想的交流，心灵的沟通，建立在此基础上的爱情应该更加牢固，成功的机会也比较大。而悲观者则认为，网上聊天儿是网恋初期相对单一的了解方式，双方缺乏实际的接触和了解，因此，很不容易成功。

网恋是人际交往的一种新变化，是一种新的生活方式，它的出现同样也会带来这样那样的问题。年轻人普遍认为网恋的成功率很低，但很多网友却依然对网恋乐此不疲，主要原因在于年轻人对于新鲜事物的好奇心理激发了他们希望尝试一些边缘行为。总的来说，现今的年轻人对网恋非常宽容，多数受访者表示，这是个人的选择方式问题，不会干涉或评价。

三、网络只是交流方式

网络是一种隐蔽性很强的交往方式。人们和异性的交往，从最早的媒人介绍，到后来的书信、电话联系，到现今的网络交友，所不同的是，其他方式或多或少可以看到、听到、接触到对方的人和事，而通过网络无法对对方形成深刻的认识。

婚姻专家认为，对身处信息时代的人们来说，网络是一种难以避免的交流方式。通过网络进行恋爱乃至走向婚姻，可以打破身边狭隘的人际交往圈子，有扩大选择面的作用。但是，由于网络世界是虚拟的，脱离了物质基础，因而具有不稳定性，对于以稳定为追求目标的婚姻、家庭而言，这种方式的现实作用是不能够夸大的。

　　司法部门的专家认为：利用网络谈恋爱本身不是坏事，关键是如何规避其中的风险和危害。与其他恋爱方式相比，不见面的网恋很容易被表面现象所迷惑，坏人利用网恋实施犯罪的新闻屡见不鲜，年轻人网恋一定要多留心眼儿。

（选自"百度文库"，有删改）

附录

（一）部分重要词语例释

第一单元　节日

词语	注释	示例
\"贰　话题背景\"部分		
背井离乡	离开了故乡，在外地生活（多指不得已的）。	很多人为了理想，背井离乡，在外打拼。
游子	离家在外或久居外乡的人。	游子们在春节期间都要回家与亲人团聚，这是中国的传统习俗。
团聚	亲友分别较长时间后聚到一起。	
守岁	在农历除夕晚上不睡，直到天亮。	除夕那天，中国人大都一家人在一起守岁，聊天儿，玩儿游戏，看电视，通宵不眠。
通宵不眠	通宵：整夜。整夜都不睡觉。	
谐音	字词的音相同或相近。	有谐音的歇后语很多，比如：孔夫子搬家——尽输（书），小葱拌豆腐——一清（青）二白。
天伦之乐	天伦：旧指父子、兄弟等亲属关系。现泛指家庭的乐趣。	两位老人就盼着周末儿女带着孙子孙女们回来团聚，尽享天伦之乐。
祭品	祭祀或祭奠时用的物品。	中国古代在祭祀的时候常常以牛羊为祭品。
心旷神怡	心情舒畅，精神愉快。	桂花开了，飘来阵阵清香，让人心旷神怡。
\"叁　课文\"部分（课文一）		
阅历	由经历得来的知识。	阅历丰富 | 增加人生阅历
淡薄	感情、兴趣不浓厚。	他们已有三十年没有见过面，彼此的印象很淡薄了。
奔波	忙忙碌碌地往来奔走。	四处奔波

词语	注释	示例
	"叁 课文"部分（课文二）	
反思	思考过去的事情,从中总结经验教训。	你应该对自己的错误进行深刻的反思。
气息	气味。	生活气息｜时代气息
独特	独有的，特别的。	风格独特｜独特的见解
迷失	弄不清方向，走错道路。	迷失方向
拉动	采取措施使提高、增长或发展。	拉动经济｜拉动市场
接轨	①连接路轨。 ②比喻两种事物彼此衔接起来。	①新建的铁路已经全线接轨。 ②中国经济已经与世界经济接轨。
红火	旺盛，热闹。	日子红火｜生意红火
冷落	冷淡地对待。	别冷落了他。｜她在那次晚会上受到了冷落。
炒作	为扩大人或事物的影响而通过媒体反复做夸大的宣传。	经过一番炒作，她成了闻名全国的影星。
体验	通过实践来认识周围的事物；亲身经历。	体验生活｜体验当地的文化
领略	了解事物的情况，进而认识它的意义，或者辨别它的滋味。	他准备寒假和朋友一起去苏杭，领略一下江南风情。
崇洋媚外	崇拜外国。	不能简单地说过"洋节"就是崇洋媚外,应该分析年轻人为什么喜欢过"洋节"。
奇葩	奇特而美丽的花朵。	这篇小说是近来文坛上出现的一朵奇葩。
融合	几种不同的事物合成一体。	文化融合

第二单元　留学

词语	注释	示例
\"贰 话题背景\"部分		
贬值	①货币购买力下降。 ②泛指价值降低。	①钱贬值了 ②商品贬值
正宗	正统的，真正的。	正宗的川菜
过硬	禁受得起严格的考验或检验。	过得硬｜技术过硬
深造	进一步学习以达到更高的程度。	出国深造
脱颖而出	比喻人的才能全部显示出来。	他经过刻苦的训练，最终在比赛中脱颖而出。
消极	否定的，反面的，阻碍发展的（跟\"积极\"相对）。	消极影响｜消极言论｜消极因素
前景	将要出现的景象。	计算机专业是未来就业前景最好的十大专业之一。
储备	（金钱、物资等）储存起来备用。	储备金｜储备粮食
流失	比喻人员离开本地或本单位。	人才流失
缺失	缺少，失去。	人才缺失
制约	一个事物对另一事物的存在和发展起到限制作用。	互相制约｜任何一个人的生活，都应当受一定法规的制约。
外流	（人口、财富等）转移到外国或外地。	人才外流｜资源外流
\"叁 课文\"部分（课文一）		
特质	特有的性质和品质。	他具备成为领导人的特质。
感慨	有所感触而慨叹。	谈到留学经历，他有很多感慨。
格格不入	有抵触，不合适。	与……格格不入
压抑	对感情、力量等加以限制，使不能充分流露或发挥。	压抑感｜压抑内心的激动

词语	注释	示例
串门	到别人家去闲坐聊天儿。	老太太喜欢到邻居家串门。
特例	特殊的事例。	留学生中和高翔情况相似的也不少，高翔不是特例。
有益	有帮助，有好处。	运动对健康有益。
一无所知	什么都不了解，什么都不知道。	对……一无所知
理念	①信念。 ②思想，观念。	①人生理念 ②经营理念|教学理念

"叁 课文"部分（课文二）

词语	注释	示例
优劣	好的和坏的。	鉴别质量的优劣
约束力	限制使不越出范围的力量。	小孩子的自我约束力不强。
人生观	对人生的看法。	每个人的人生观在其高中、大学时期基本形成。
学制	国家对各级各类学校的性质、任务、组织系统和课程、学习年限等的规定。	中国大学硕士研究生的学制一般是两年或三年。

"肆 语言实践活动"部分（补充材料）

词语	注释	示例
地道	①真正的，纯粹的。 ②（工作或材料）实在，够标准。	①她的汉语说得很地道。 ②这件工艺品做得真地道。
开阔	①宽广，宽阔。 ②使开阔。	①这片土地很开阔。 ②开阔眼界|开阔视野
眼界	所见事物的范围，借指见识的广度。	大开眼界|眼界开阔
视野	眼睛看到的范围。	视野宽广|开阔视野
体验	通过实践来认识周围的事物；亲身经历。	体验生活|体验中日文化
多元	多样的，不单一的。	多元文化|多元经济
人性	人所具有的正常的感情和理性。	不通人性

词语	注释	示例
赌注	赌博时所押的财物。	我下赌注的那匹马落在最后，跑了个倒数第一。
无助	形容没有办法，没有人帮助，没有依靠，孤独的感觉。	留学生一人生活在异乡，在生病的时候感觉最无助。
缴纳	交纳，多指履行义务或强制交付。	缴纳税款｜缴纳罚金
排外	排斥、不接受外人。	这个城市的人不排外，对外国人、外地人都很热情。
争执	争论中固执己见，不肯相让。	争执不下｜发生争执
闯劲儿	猛冲猛干的劲头。	这个年轻人有闯劲儿，敢想敢干，很有发展前途。

第三单元 宠物

词语	注释	示例
"贰 话题背景"部分		
遛弯儿	散步。	他晚饭后到公园遛了个弯儿。
扑腾	①游泳时用脚打水。 ②跳动。 ③活动。	①那个人在水里扑腾了几下就沉下去了。 ②她吓得心里直扑腾。 ③这人路子广，挺能扑腾。
夜宵	晚餐以后，夜里吃的食物。	这个大学食堂夏天还提供夜宵。
不怀好意	心里怀着不好的目的和想法。	要当心每一个对我们不怀好意的人。
欣慰	喜欢而心安。	那位老奶奶的脸上露出了欣慰的笑容。
庆幸	为事情意外地得到好的结局而感到高兴。	我很庆幸听了您的意见，避免了工作中可能会犯的错。
归宿	人或者事情的最终的着落。	她成家了，有了一个好的归宿。

续表

词语	注释	示例
"叁 课文"部分（课文一）		
孤寂	孤独、寂寞。	这位孤寂的老人每天一个人来公园散步。
哺乳类	最高等的脊椎动物，基本特点是孩子靠吃妈妈的奶长大。	有哪些动物是哺乳类动物？
"叁 课文"部分（课文二）		
充实	丰富、充足，多指内容或思想、精神等。	内容充实｜精神生活很充实
空巢	指子女长大成人离开后，只有父母单独生活的家庭。	空巢老人｜空巢家庭
伴侣	同在一起生活、工作或旅行的人，多指夫妻或夫妻中的一方。	终身伴侣｜理想的伴侣
免疫	由于具有抵抗力而不患某种传染病。	免疫力｜免疫系统｜终生免疫
心理阴影	指受到惊吓或经历了不好的事后在心里留下的后遗症，当遇到类似的场合或事情的时候，便会感到害怕或恐慌。	这个事件虽然已经过去了十几年，但是给当地的人们，尤其是孩子们留下了很深的心理阴影。
频率	在单位时间内某种事情发生的次数。	被动句是现代汉语中使用频率较高的句型。
焦虑	焦急忧虑。	焦虑感｜高考前不少学生处于焦虑状态。
抑郁	心里压抑，不能诉说而烦闷。	心情抑郁｜抑郁症
效率	单位时间内完成的工作量。	工作效率｜提高效率
融洽	彼此感情好，没有抵触。	关系融洽｜感情融洽
改善	改变原来的情况，使之更好一些。	改善生活｜改善投资环境 工人们的劳动条件日益改善。
产业	构成国民经济的行业和部门。	高科技产业｜第三产业｜产业工人

词语	注释	示例
"叁 课文"部分（课文三）		
传播	广泛散布。	传播消息｜传播文化
感染	受到传染。	伤口感染了｜感染流行性感冒
携带	随身带着。	携带行李｜携带工具
弓形体	弓形体病是由弓形体原虫所引起的一种人畜共患的寄生虫病，猫、狗等动物易携带弓形体原虫。	孕妇在怀孕期间如果感染弓形体病，会影响胎儿的发育。
畸形	生物体某部分发育不正常。	畸形发育｜畸形胎儿
纠纷	争执的事情。	发生纠纷｜调解纠纷
管教	约束教导。	严加管教
遗弃	抛弃，对自己应该赡养或抚养的亲属抛开不管。	那可怜的小狗被主人遗弃了。
"叁 课文"部分（课文三补充材料）		
权衡	衡量、考虑。	权衡轻重｜权衡利弊｜权衡得失
利弊	好处和坏处。	人们在做出选择和决定前要权衡利弊得失。
善解人意	特别能理解别人，体谅别人。	她是一位善解人意的好姑娘。
精灵	多指富有灵气，令人喜爱的小动物。	这些小鸟是大自然的精灵。
和谐	①配合得适当。 ②和睦协调。	①音调和谐｜颜色很和谐 ②和谐的气氛｜和谐的社会

第四单元　工作

词语	注释	示例
\"贰　话题背景\"部分		
积累	（事物）逐渐聚集。	积累资金|积累经验
行政管理	指单位内部的管理工作。	他在一个机关里从事行政管理工作。
福利	生活上的利益，特指对职工生活（食、宿、医疗等）的照顾。	大公司除了薪酬高之外，福利也很好。
薪资	工资。	这个城市刚毕业大学生的薪资标准在4000元左右。
得心应手	心里怎么想，手就能怎么做，形容运用自如。	这项技能性的工作要想做到得心应手，必须要多练习。
开销	支付的费用。	在大城市日常生活的开销太大了。
对口	互相联系的两方在工作内容和性质上相一致。	工作对口|专业对口
胜任	能力足以担任。	他很有才干，这个职位他一定能胜任。
一事无成	连一样事情也没有做成。指什么事情都做不成，形容毫无成就。	他的工作目标不确定，又眼高手低，大学毕业快十年了，还是一事无成。
顺心	合乎心意。	祝您身体健康，诸事顺心！
\"叁　课文\"部分		
挑战	激励自己主动跟困难等做斗争。	挑战自我|挑战奥运会纪录
战胜	在战争或比赛中取得胜利。	战胜敌人|战胜困难
意志	决定达到某种目的而产生的心理状态，往往由语言和行动表现出来。	意志坚强|意志薄弱
动机	推动人从事某种活动的念头。	她帮助我的动机很单纯。
挫折	失败，失利。	遭遇挫折|经历挫折
要素	构成事物的必要因素。	写记叙文要注意六大要素：时间，地点，人物，事情的开始、经过和结果。

续表

词语	注释	示例
留意	注意，小心。	我想找一个学生做助手，你帮我留意一下有没有合适的人选。
应届生	当年毕业的学生。	今年参加高考的应届生有 68627 人。
眼高手低	自己要求的标准高，而实际工作的能力低。	不少年轻人有眼高手低的毛病。
客观	按照事物的本来面目去考察，不加个人的看法。	我们应该客观地看问题。
供不应求	供应的东西不能满足需求。	这款手机各方面都设计得很好，还不贵，所以现在是供不应求。
"肆 语言实践活动"部分（补充材料）		
千篇一律	指事物只有一种形式，毫无变化。	这几篇文章读起来真是乏味，内容千篇一律。
优势	能超过对方的有利形势。	占优势｜优势明显
用心	怀着的某种念头。	良苦用心｜别有用心
一气	数量词，一阵（多含贬义）。	瞎闹一气｜乱说一气
逐条	一条一条地。	请你把这些规定逐条读给大家听听。
余地	指言语或行动中留下的可回旋的地步。	他说话不留余地。｜你没有选择的余地。
职场礼仪	在工作、任职的场所的礼节和仪式。	职场礼仪也是我们应该了解和学习的。
言谈举止	言语和行为。	他太自私，言谈举止让大家对他都很反感。
认同	①认为跟自己有共同之处而感到亲切。 ②承认，认可。	①马克虽然是个外国人，但很认同中国的传统文化。 ②我认同你的想法。
计较	计算比较。	这个女孩子太计较了，所以很多同学不太喜欢跟她交往。

第五单元　整容

词语	注释	示例
"贰 话题背景"部分		
修饰	①修整装饰使整齐美观。 ②梳妆打扮。	①在句中形容词修饰名词。 ②她化了淡妆，稍稍修饰了一下双眼，眼睛立刻显得明亮有神了。
美化	加以装饰或点缀使美观或美好。	美化校园｜美化市容
冲动	情感特别强烈，不能理智地控制自己。	他当时一时冲动说出的话深深地伤害了她。
人性	①人所具有的正常的感情和理性。 ②人的本性。	①人性常常是复杂的。 ②一个人的所作所为会体现人性的美与丑。
司空见惯	看惯了就不觉得奇怪。	中学生早恋早已经是司空见惯的现象了。
忌讳	①因风俗习惯或个人理由等，对某些言语或举动有所顾忌，积久成为禁忌。 ②对某些可能产生不利后果的事力求避免。	①过年过节忌讳说不吉利的话。 ②做任何事情，最忌讳的是有始无终，半途而废。
曝光	比喻隐秘的事（多指不光彩的）显露出来，被众人知道。	这件事在网上曝光后，引起了大家的关注。
澄清	弄清楚（认识、问题等）。	我们澄清了彼此间的误会，又成了好朋友。
"叁 课文"部分（课文一）		
旺季	营业旺盛的季节或某种东西出产多的季节。（反义词:淡季）	夏天是空调销售的旺季。
高潮	比喻事物高度发展的阶段。	晚会的高潮是宝宝"抓周"，宝宝随手抓到的物体象征他的未来。｜人的一生，总是在高潮和低潮中沉浮，唯有庸碌的人，生活才如死水一般。

词语	注释	示例
主流	比喻事情发展的主要方面。	众所周知，作为网络经济时代主流的商业模式——电子商务正对我国企业的经营管理造成巨大的冲击和影响。
热衷	①急切盼望得到（个人的地位或利益）。 ②十分爱好（某种活动）。	①热衷名利 ②热衷于收藏字画
中肯	（言论）抓住要点，正中要害。	消费者给我们的产品提出了非常中肯的意见和建议。
面面观	从各个方面进行的观察（多用于文章标题）。	婚恋问题面面观
直言不讳	直截了当地说出来，没有丝毫顾虑。	他直言不讳地指出了我的缺点。
碰壁	比喻碰到严重阻碍或受到拒绝，事情行不通。	到处碰壁|四处碰壁
天性	人先天具有的品质或性情。	天性善良
受益	得到好处，受到利益。	受益匪浅|看了这本书，我了解了许多学习的好方法，真是受益匪浅！
心病	指隐情或隐痛。	女儿大龄未婚一直是他们夫妻俩的一块心病。
取笑	开玩笑，嘲笑。	这个小男孩儿经常被别人取笑。
捷径	近路，比喻能较快地达到目的的巧妙手段或办法。	学习需要刻苦认真，没有别的捷径。
"叁 课文"部分（课文二）		
弱势	弱小的势力。	处于弱势|弱势群体
歧视	不平等地看待。	种族歧视|性别歧视
苛刻	①（条件、要求等）过高，过于严厉。 ②刻薄。	①我们无法接受这样苛刻的要求。 ②你对她也未免太苛刻了。

词语	注释	示例
离谱	（说话或做事）不合公认的准则。	她说话太离谱了。
无可厚非	不可过分地指责，表示虽有缺点，但可以理解或原谅。	如果工作既紧张又乏味，借玩儿游戏放松放松也无可厚非，游戏能让人的大脑得到休息，调整紧张的神经。
荒废	不利用，浪费（时间）。	有些大学生进入大学之后放松了学习，沉迷于恋爱、游戏，荒废了学业，等毕业时才发现自己大学四年一无所获，后悔莫及。
长久之计	长时间有效的办法。	你现在不告诉他真相也只是一时的办法，不是长久之计。

"叁　课文"部分（课文三）

词语	注释	示例
倾向	偏于赞成(对立的事物中的一方)；发展的方向，趋势。	在这三种方案中，您倾向哪一个？｜这个人有暴力倾向。
取悦	取得别人的喜欢，讨好。	他竭尽所能，取悦自己的上级，就为了能尽快地升职。
世俗	流俗，一般的习惯看法等。	我在与世俗的看法对抗。
以貌取人	指根据外表来判断人的品质和能力。	以貌取人和容貌歧视是人类的通病。
通病	一般都有的缺点。	全班同学这次作文的通病是缺乏真实性。
人格	人作为权利、义务主体的资格。	侮辱人格｜人格独立
人权	人和群体在社会关系中应享有的平等权利。	《世界人权宣言》共三十条，涉及公民权利、政治权利以及经济、社会和文化权利。
自暴自弃	自己甘心落后，不求上进。	他没有因为疾病而自暴自弃，每天都在认真工作，感受生活中的乐趣。
极端	事物顺着某个发展方向达到的顶点。	他做事情总喜欢走极端。
魅力	很能吸引人的力量。	富有魅力｜艺术魅力｜人格魅力

第六单元　教育

词语	注释	示例
"贰　话题背景"部分		
天赋	人生来就有的能力。	他有很高的音乐天赋。
涉及	关系到。	这件事涉及好几个人。
圈养	关在圈里饲养。	圈养牲畜
放养	把已经圈养的动物放到野外环境中去，以它原有的生存方式生活。	放养大熊猫
"叁　课文"部分		
素质教育	以提高人的素质为根本目的的教育。	现在中国的中小学里都提倡素质教育。
困惑	感到困难，不知道该怎么办。	这个问题一直让他感到困惑。
强过	A比B强。	中国妈妈的教育方式强过了美国妈妈的教育方式。
糟粕	比喻粗劣而没有价值的东西。	在阅读古代的一些文学作品时，我们要"取其精华，去其糟粕"。
软硬兼施	软的手段和硬的手段一齐用（含贬义）。	妈妈对他又是发脾气，又是哄着，软硬兼施，但都没成功，他最终还是没同意去相亲。
贿赂	用财物买通别人。	贿赂上级
利诱	用利益引诱。	威逼利诱
走下坡路	比喻向衰落的方向发展的道路。	这家工厂从前几年就开始走下坡路了。
排斥	使别的人或事物离开自己这方面。	那位明星在一次访谈中提到她并不排斥跨国婚姻。
放手	比喻解除顾虑和限制。	孩子大了，父母要适当放手，给孩子成长的空间和机会。

第七单元　爱情

词语	注释	示例
"贰　话题背景"部分		
攀升	（数量等）向上升。	成交额逐年攀升。
草率	（做事）不认真，敷衍了事。	不要草率行事，咱们应该耐心等待合适的时机。
琐事	细小零碎的事情。	心胸要开阔，不要因为一些生活中的琐事而心烦意乱，悲观失望。
索取	要，讨取。	人生的意义在于付出而不是索取。
奉献	恭敬地交付；呈现。	母爱是无私的奉献和包容。
解体	①物体的结构分解。 ②崩溃，瓦解。	①那辆汽车出了严重的交通事故，已经解体了。 ②公司解体后，各位员工都各奔前程去了。
"叁　课文"部分（课文一）		
罕无人迹	人的足迹很少到的地方。	这里高山峻岭，白雪纷飞，罕无人迹。
刀耕火种	一种原始的耕种方法，把地上的草木烧成灰做肥料，就地挖坑下种。	有些偏远地区，至今还在刀耕火种。
自给自足	依靠自己的生产满足自己的需要。	他们过着自给自足的小康生活，不愿外界来打扰自己的宁静。
流言	没有根据的话（多指背后议论、诬蔑或挑拨的话）。	这些人不断地散布流言，真令人讨厌。
私奔	指女子私自投奔所爱的人，或跟他一起逃走。	私奔只有真正的勇者和相爱的人才做得到。
旷世绝恋	当代没有能相比的恋情。	刘国江和徐朝清是"爱情天梯"这场旷世绝恋的男女主人公。
克夫	旧时迷信说法，指丈夫的性命和时运被妻子的本命克制而遭凶险。	丈夫死后，婆家以为她克夫，把她赶回了娘家。

续表

词语	注释	示例
闲言碎语	与正事无关的话，没有根据的闲话。	不要听别人说几句闲言碎语就打退堂鼓。
与世隔绝	与社会上的人们隔离，断绝来往。形容隐居到人迹不到的非常偏僻的地方。	他是个性格内向、生性胆小的孩子，总不声不响，特别不爱说话，好像与世隔绝了。
荆棘丛生	到处长满了带刺的小灌木。	人生路上有风雨，到处是荆棘丛生，只有去奋斗，去拼搏，才能克服困难，实现自己的理想。
崎岖	形容山路不平坦，也比喻处境艰难。	人生的道路不会一帆风顺，事业的征途也充满崎岖艰险，只有奋斗，只有拼搏，才能到达成功的彼岸。
	"叁 课文"部分（课文二）	
分道扬镳	指分道而行，比喻因目标不同而各奔各的前程或各干各的事情。	一场误会后，这两个昔日好友终于分道扬镳了。
卑微	地位低下。	我贫穷，卑微，不美丽，但当我们的灵魂穿过坟墓来到上帝面前时，我们都是平等的。
鄙贱	卑贱，指出身或地位低下。	小时候家里贫困，所以我学会了不少鄙贱的技艺。
心扉	指人的内心。	我愿意敞开自己的心扉，向她倾诉一切。
举债	借债。	公司破产后，他一直是举债度日。
负债累累	欠别人的债务非常沉重。	这家公司由于连年亏损，负债累累，已经宣告倒闭了。
基于	根据。	基于以上理由，我不赞成他的意见。
无可厚非	不可过分指责，表示虽有缺点，但是可以原谅。	凡是人，就不免多多少少地有些自私的欲念，这本无可厚非，只是这自私若伤害到别人，就该克制了。
前卫	时尚、新潮。	与老项目相比，这些新项目的户型更合理，设计更前卫。

词语	注释	示例
"叁　课文"部分（课文三）		
亵渎	轻慢，不尊敬。	追求美而不亵渎美，这种爱才是正当的。
预见	根据事物的发展规律预先料到将来。	预见未来的最好方式就是亲手创造未来。
从一而终	丈夫死了不再嫁人，是旧时束缚妇女的封建礼教。	她认为从一而终是女人理应遵守的本分。
后路	军队背后的运输线或退路，现多指回旋的余地。	我不是不想回头，只是早已没了后路。
嫁鸡随鸡，嫁狗随狗	指女子出嫁后，不管丈夫如何，都要随从一辈子。	封建礼教要求妻子从一而终，"嫁鸡随鸡，嫁狗随狗"，无论发生什么情况都不能离弃丈夫。
偏激	（思想、言论等）过火，不适当。	这个人看问题总是很偏激。
尴尬	处境困难，不好处理，也指神色、态度等不自然。	真正的朋友不是在一起有聊不完的话，而是即使不说一句话也不觉得尴尬。

第八单元　网络

词语	注释	示例
"贰　话题背景"部分		
双刃剑	两侧都有刃的剑，用来形容事情的双重影响性，既有利也有弊。	高科技的发展有时是一把双刃剑，有利也有弊。
隐私	不愿告人的或不愿公开的个人的事。	欣赏别人的优点，善待别人的缺点，尊重别人的隐私。
沉迷	（对某种事物）深深地迷恋。	进入大学后，他沉迷于网游，结果荒废了学业。
自拔	自己主动地从痛苦或罪恶中解脱出来。	你是不是还沉浸在失恋的痛苦中不能自拔？其实这种事，真的没什么。

词语	注释	示例
心智	思考能力，智慧，心理，性情。	学习启迪心智｜心智健康｜陶冶心智
诱发	①诱导启发。 ②导致发生（多指疾病）。	①这幅画诱发了他的联想。 ②暴饮暴食会诱发肠胃疾病。
侵蚀	逐渐侵害使变坏。	贪婪是一剂慢性毒药，它会侵蚀你的情感、思想和前程。
牵制	拖住使不能自由活动（多用于军事）。	战士们设法牵制住敌人，等待援兵到来。
"叁 课文"部分（课文一）		
顺畅	①顺利通畅。 ②通顺，流畅。	①他们的沟通很顺畅，一次就解决了问题。 ②这篇文章写得很顺畅。
冷场	场面因某种失误而造成的尴尬局面。	他会讲很多笑话，在聚会出现冷场的时候常常能活跃气氛。
不亦乐乎	原意是"不也是很快乐的吗"，现常用来表示达到极点的意思。	在旅游高峰期，导游总是起早贪黑，送往迎来，忙得不亦乐乎。
百无聊赖	精神无所依托，感到非常无聊。	找到新工作后，他感到活得非常充实，不再像以前那样百无聊赖了。
碰壁	比喻遇到严重阻碍或受到拒绝，事情行不通。	他的设想没人理睬，到处碰壁。
例行公事	按照惯例处理公事。多指只重形式，不讲实效地工作。	她是个秘书，每天的工作只是例行公事。
互动	互相作用，互相影响。	家庭教育是一种平等的双向、互动教育。
绑架	用暴力把人劫走的犯罪行为。	绑匪昨天在郊区绑架了一个小孩儿。
过滤	用透水、透气的东西把液体或气体中的颗粒或有害物质分离出去。	秋天的空气特别新鲜，好像被过滤过一样。
气馁	失去勇气。	胜利了不要骄傲，失败了不要气馁。
"叁 课文"部分（课文二）		
层出不穷	接连不断地出现。	改革开放以来，各种新鲜事物层出不穷。

词语	注释	示例
猎奇	搜寻奇异的事情。	伦敦是一座让人们探胜猎奇的城市。
宣泄	多指把不好的情绪发泄出来。	打骂不能解决孩子的教育问题，只能宣泄父母的急躁情绪。
声讨	公开谴责。	亲历者们愤怒地声讨侵略者的暴行。
矫正	改正，纠正。	在口语课上老师会不断地矫正同学们的发音。
滥用	胡乱或过度地使用。	滥用职权
别有用心	有不可告人的目的。	他这样做，不是因为疏忽，也不是偶然失误，完全是别有用心。
中伤	故意用语言伤害别人。	这人很恶劣，曾为了泄私愤，造谣中伤他人，真卑鄙！
诽谤	无中生有，说人坏话，毁人名誉。	她在这里胡言乱语，诽谤他人。
猥亵	多指做下流的动作。	他因存在严重猥亵行为而被判有罪。
侮辱	使对方人格或名誉受损，蒙受耻辱。	侮辱人格|遭受侮辱|别跟我说你是无辜的，这让我愤怒，因为它侮辱了我的智慧。
侵权	损害他人的合法权益。	在网上随便发别人的照片是侵权行为。
抑制	压下去，控制。	在家人面前，他终于抑制不住自己的情感，哭了出来。

（二）部分练习参考答案

第一单元　节日

课文一　节日与现代化

一　词语及句子学习

2. 从给出的词语中选择合适的填入相应的词语搭配或表达结构中，并用填好的结构说句子

淡薄	发展	接受	怀念
增长	影响	迎接	增加

受到<u>影响</u>　　　　　接受<u>教育</u>　　　　<u>怀念</u>悠闲的生活

年龄<u>增长</u>　　　　　社会<u>发展</u>　　　　<u>迎接</u>竞争和挑战

阅历<u>增加</u>　　　　　传统意识<u>淡薄</u>

课文二　外国节日与传统

一　词语及句子学习

2. 从给出的词语中选择合适的填入相应的词语搭配或表达结构中，并用填好的结构说句子

融入	遗忘	冷落	体验	追求	促进
获取	拉动	交流	碰撞	接轨	盛行

<u>融入</u>世界文化　　　　　　　　外国节日在中国<u>盛行</u>

传统节日受到<u>冷落</u>　　　　　　<u>体验</u>异国文化

<u>拉动</u>经济发展　　　　　　　　<u>获取</u>巨大的商业利润

中国与世界<u>接轨</u>　　　　　　　不同文化互相<u>交流</u>、<u>碰撞</u>

传统节日和习俗被<u>遗忘</u>　　　　<u>追求</u>丰富多彩的精神生活

<u>促进</u>中国人对外国文化的了解

第二单元　留学

课文一　留学故事

一　词语及句子学习

2. 从给出的词语中选择合适的填入相应的词语搭配或表达结构中，并用填好的结构说句子

反思　　放弃　　适应　　结交

压抑　　一无所知　　格格不入

放弃名额　　　　　　对这所大学一无所知

与环境格格不入　　　令人反思

适应海外留学环境　　生活很压抑

结交私人友谊

课文二　三个留学时间点的利与弊

一　词语及句子学习

2. 从给出的词语中选择合适的填入相应的词语搭配或表达结构中，并用填好的结构说句子

错过　　形成　　融入　　获得

达到　　明显　　做出　　适应

融入 当地环境　　　优势明显　　　　达到水平

形成 人生观　　　　错过最佳语言学习期

适应 国外生活　　　做出选择　　　　获得机会

第三单元　宠物

课文二　饲养宠物的好处

一　词语及句子学习

2. 从给出的词语中选择合适的填入相应的词语搭配或表达结构中，并用填好的结构说句子

获得　减轻　培养　增添　密切

降低　带动　提供　形成　改善

提高　应付　有益　节省　消除

增添乐趣　　　　消除孤寂　　　　获得满足感／成就感

提供机会　　　　减轻压力／焦虑　　降低抑郁程度

节省开支　　　　改善身心健康　　　带动产业发展

提高效率　　　　有益身心健康　　　应付小病小灾

密切关系　　　　形成产业　　　　　培养责任感／爱心／社交能力

课文三　饲养宠物的坏处

一　词语及句子学习

2. 从给出的词语中选择合适的填入相应的词语搭配或表达结构中，并用填好的结构说句子

付出　携带　引起　成为　造成

丢弃　污染　传播　遗弃　感染

感染、携带病毒　　　　造成伤害／危害

成为负担　　　　　　　传播疾病

丢弃、遗弃 宠物　　　污染环境

引起纠纷　　　　　　　付出时间和精力

第四单元　工作

课文　如何找到自己最理想的工作

一　词语及句子学习

2. 从给出的词语中选择合适的填入相应的词语搭配或表达结构中，并用填好的结构说句子

实现　　挑战　　战胜　　锻炼　　欠缺　　遇到

提供　　积累　　追求　　适合　　提高　　有利于

遇到困难和挫折　　　　欠缺工作经验　　　　提供建议

追求理想　　　　　　　挑战自己　　　　　　战胜自己

积累工作经验　　　　　适合自己的发展　　　锻炼意志

有利于未来的发展　　　提高工作能力　　　　实现理想

第五单元　整容

课文一　大学生整容面面观

一　词语及句子学习

2. 从给出的词语中选择合适的填入相应的词语搭配或表达结构中，并用填好的结构说句子

深刻　　成熟　　合适　　丰富

内向　　中肯　　上升　　不佳

观点中肯　　　　　　　时机合适

认识深刻　　　　　　　性格内向

经验丰富　　　　　　　形象不佳

关注度上升　　　　　　心理成熟

课文二　女大学生求职该不该整容

一　词语及句子学习

2. 从给出的词语中选择合适的填入相应的词语搭配或表达结构中，并用填好的结构说句子

出于	增强	受	改变
提出	提升	荒废	获得

改变外貌　　　　　　受歧视　　　　　　提升形象

获得文凭　　　　　　荒废学业　　　　　提出要求

出于无奈　　　　　　增强自信

课文三　整容杂谈

一　词语及句子学习

2. 从给出的词语中选择合适的填入相应的词语搭配或表达结构中，并用填好的结构说句子

现象	伤害	权利	极端	魅力
讥笑	情结	价值	嘲讽	素质
世俗标准	社会评价			

取悦世俗标准　　　　受到嘲讽　　　　　存在……的现象

适应社会评价　　　　受到讥笑　　　　　获得……的权利

走向极端　　　　　　存在情结　　　　　对……造成伤害

实现价值　　　　　　增强素质和魅力

第六单元　教育

课文　虎妈蔡美儿：我相信女儿最终会理解我

一　词语及句子学习

2. 从给出的词语中选择合适的填入相应的词语搭配或表达结构中，并用填好的结
构说句子

在意	制定	付出	引发	采用
培养	占	投资	强化	掌握
面对	发生	按照		

制定家规　　　　　引发讨论　　　　　采用……手段

付出辛苦　　　　　强化意志力　　　　按照……方式

发生冲突　　　　　掌握选择权　　　　投资在教育上

占优势　　　　　　面对冲突　　　　　培养创造力／毅力

在意他的自尊和心理感受

3. 画线连接正确的搭配，之后根据正确的搭配说简单的句子

高压的　　　　　　中国菜

明智的　　　　　　生活

舒适的　　　　　　投入

宽松的　　　　　　手段

有效的　　　　　　选择

有创意的　　　　　教育方式

巨大的

严格的

成熟的

第七单元　爱情

课文一　爱情天梯

一　词语及句子学习

2. 从给出的词语中选择合适的填入相应的词语搭配或表达结构中，并用填好的结构说句子

| 躲避 | 开凿 | 成为 | 引起 |
| 遵照 | 开垦 | 补贴 | 保留 |

| 保留状态 | 开垦田地 | 躲避流言 | 开凿天梯 |
| 引起反响 | 遵照意愿 | 补贴家用 | 成为绝唱 |

课文三　你愿意进行婚前财产公证吗？

一　词语及句子学习

2. 从给出的词语中选择合适的填入相应的词语搭配或表达结构中，并用填好的结构说句子

| 伤害 | 达成 | 亵渎 | 维护 |
| 干涉 | 铺好 | 增强 | 贪图 |

| 增强意识 | 亵渎婚姻 | 贪图财产 | 干涉私事 |
| 铺好后路 | 维护权利 | 伤害感情 | 达成共识 |

第八单元　网络

课文一　网聊热，见面冷

一　词语及句子学习

2. 从给出的词语中选择合适的填入相应的词语搭配或表达结构中，并用填好的结构说句子

创造	缺乏	认识	咨询	交流	融入
陷入	引发	理解	遭遇	表达	传递

缺乏沟通　　遭遇障碍　　陷入尴尬　　引发疾病

咨询问题　　认识自我　　创造机会　　理解他人

融入社会　　传递感情　　交流思想　　表达情意

课文二　人肉搜索

一　词语及句子学习

2. 从给出的词语中选择合适的填入相应的词语搭配或表达结构中，并用填好的结构说句子

成为	发泄	提供	受到	充满
暴露	变成	进行	处于	起到

暴露于阳光下　　　　　　为……提供了基础

处于社会过渡转型期　　　使……成为现实

对……充满好奇　　　　　从中受到教育和启示

由……变成……　　　　　对……进行揭露

起到……作用　　　　　　将……发泄到……（身）上